MIX
Papier aus verantwortungsvollen Quellen
Paper from responsible sources
FSC® C105338

David Seiniger

Kunden- und Mitarbeiterzufriedenheit

Einfluss von Führungskräften
auf den Unternehmenserfolg

Bachelor + Master
Publishing

Seiniger, David: Kunden- und Mitarbeiterzufriedenheit. Einfluss von Führungskräften auf den Unternehmenserfolg, Hamburg, Diplomica Verlag GmbH 2012
Originaltitel der Abschlussarbeit: Personalführung mit Führungsinstrumenten unterstützen

ISBN: 978-3-86341-344-6
Druck: Bachelor + Master Publishing, ein Imprint der Diplomica® Verlag GmbH, Hamburg, 2012
Zugl. Hochschule Wismar, Wismar, Deutschland, Diplomarbeit , Oktober 2011

Bibliografische Information der Deutschen Nationalbibliothek:
Die Deutsche Nationalbibliothek verzeichnet diese Publikation in der Deutschen Nationalbibliografie; detaillierte bibliografische Daten sind im Internet über http://dnb.d-nb.de abrufbar.

Die digitale Ausgabe (eBook-Ausgabe) dieses Titels trägt die ISBN 978-3-86341-844-1 und kann über den Handel oder den Verlag bezogen werden.

Dieses Werk ist urheberrechtlich geschützt. Die dadurch begründeten Rechte, insbesondere die der Übersetzung, des Nachdrucks, des Vortrags, der Entnahme von Abbildungen und Tabellen, der Funksendung, der Mikroverfilmung oder der Vervielfältigung auf anderen Wegen und der Speicherung in Datenverarbeitungsanlagen, bleiben, auch bei nur auszugsweiser Verwertung, vorbehalten. Eine Vervielfältigung dieses Werkes oder von Teilen dieses Werkes ist auch im Einzelfall nur in den Grenzen der gesetzlichen Bestimmungen des Urheberrechtsgesetzes der Bundesrepublik Deutschland in der jeweils geltenden Fassung zulässig. Sie ist grundsätzlich vergütungspflichtig. Zuwiderhandlungen unterliegen den Strafbestimmungen des Urheberrechtes.

Die Wiedergabe von Gebrauchsnamen, Handelsnamen, Warenbezeichnungen usw. in diesem Werk berechtigt auch ohne besondere Kennzeichnung nicht zu der Annahme, dass solche Namen im Sinne der Warenzeichen- und Markenschutz-Gesetzgebung als frei zu betrachten wären und daher von jedermann benutzt werden dürften.

Die Informationen in diesem Werk wurden mit Sorgfalt erarbeitet. Dennoch können Fehler nicht vollständig ausgeschlossen werden, und die Diplomarbeiten Agentur, die Autoren oder Übersetzer übernehmen keine juristische Verantwortung oder irgendeine Haftung für evtl. verbliebene fehlerhafte Angaben und deren Folgen.

© Bachelor + Master Publishing, ein Imprint der Diplomica® Verlag GmbH
http://www.diplom.de, Hamburg 2012
Printed in Germany

Inhaltsverzeichnis

1 **EINLEITUNG** 1
2 **GRUNDLAGEN DER PERSONALFÜHRUNG** 5
   2.1 PERSONAL 5
   2.2 FÜHRUNG 7
   2.3 ZIELE DER PERSONALFÜHRUNG 9
   2.4 THEORIEN ZU MOTIVATION UND BEWERTUNGSGRUNDLAGEN 12
      2.4.1 *Motivation – Triebfeder menschlichen Handelns* 12
      2.4.2 *Definition Führungsinstrument* 19
      2.4.3 *Bewertungskriterien* 21
3 **BESCHREIBUNG UND BEWERTUNG DER FÜHRUNGSINSTRUMENTE** 25
   3.1 POSITIVE UND NEGATIVE KRITIK 25
      3.1.1 *Ziele von Anerkennung und Kritik* 25
      3.1.2 *Kritik richtig anwenden: konstruktiv und belegbar* 27
      3.1.3 *Bewertung der positiven und negativen Kritik* 31
   3.2 MITARBEITERGESPRÄCH 33
      3.2.1 *Institutionalisiertes oder formalisiertes Mitarbeitergespräch* 34
      3.2.2 *Aufbau und Nutzen eines Mitarbeitergespräches* 36
      3.2.3 *Bewertung des Mitarbeitergespräches* 39
   3.3 PERSONALENTWICKLUNG 42
      3.3.1 *Ziele der Personalentwicklung* 42
      3.3.2 *Personalentwicklung als Führungsinstrument* 44
      3.3.3 *Bewertung der Personalentwicklung* 46
   3.4 ANREIZSYSTEM 48
      3.4.1 *Ziele und Arten von Anreizsystemen* 49
      3.4.2 *Mit Anreizsystemen motivieren* 50
      3.4.3 *Bewertung von Anreizsystemen* 51
   3.5 ZIELVEREINBARUNG 52
      3.5.1 *Gestaltung von Zielvereinbarungen* 54
      3.5.2 *Motivation durch Zielvereinbarungen* 56
      3.5.3 *Bewertung von Zielvereinbarungen* 58
   3.6 SYMBOLE 59
      3.6.1 *Symbole als Motivator nutzen* 60
      3.6.2 *Bewertung von Symbolen* 62

3.7	DELEGATION	63
3.7.1	*Mit Delegation von Aufgaben Motivation erzeugen*	*64*
3.7.2	*Bewertung von Delegation*	*66*
4	**ZUSAMMENFASSUNG DER FÜHRUNGSINSTRUMENTE**	**69**
4.1	MITARBEITERZUFRIEDENHEIT – EINE FRAGE DES FÜHRUNGSSTILES	70
4.2	ANALYSE DER FÜHRUNGSINSTRUMENTE	71
4.3	FAZIT	75
5	**LITERATURVERZEICHNIS**	**I**

Abbildungsverzeichnis

Abb. 1: Zürcher Ansatz (vgl. Rühli, 1992, S.3) 8

Abb. 2: Optimierung des Leistungsbeitrages (Quelle: Jung 2008, S.13) 11

Abb. 3: Ausgewählte Inhalts- und Prozesstheorien (Quelle: Hungenberg & Wulf, 2007, S. 277) 13

Abb. 4: Vergleich der Bedürfnispyramide von Maslow und ERG-Theorie nach Alderfer (Quelle: Hugenberg & Wulf, 2007, S. 283) 15

Abb. 5: Zwei-Faktoren-Theorie nach Herzberg (Quelle: Jung, 2008, S. 389) 16

Abb. 6: Rückkopplungsmodell nach Porter und Lawler (Quelle: Pelz, 2004, S. 117) 17

Abb. 7: Einbindung der ERG-Theorie in das Weg-Ziel-Modell von Porter und Lawler 19

Abb. 8: Einteilung der Führungsinstrumente (eigene Darstellung) 21

Abb. 9: Einordnung nach ex- oder intrinsischer Motivationswirkung (eigene Darstellung) 23

Abb. 10: Einordnung nach Führungsinstrument des Unternehmens oder der Führungskraft (eigene Darstellung) 23

Abb. 11 Grundlage für Portfolioanalyse und grafische Analyse (Eigene Darstellung) 23

Abb. 12 Johari-Fenster in Anlehnung an Kreuser & Robrecht, 2010, S. 71 27

Abb. 13 Kriterien guter Ziele nach Whitmore (Quelle: Niermeyer & Postall, 2010, S. 121) ... 55

Abb. 14 Wirkung der Mitarbeiterzufriedenheit auf den Unternehmenserfolg (Quelle: Stock-Homburg, 2009, S. 95) 69

Abb. 15: Klassifikation von Führungsstilen nach Tannenbaum und Schmidt (Quelle: Jung, 2008, S. 424) 70

Abb. 16: Portfolioanalyse der Führungsinstrumente (eigene Darstellung) 72

Abb. 17: grafische Analyse der Führungsinstrumente (eigene Darstellung) 73

1 Einleitung

Für Unternehmen ist die Kundenzufriedenheit ein entscheidender Erfolgsfaktor. Durch zufriedene Kunden sichern Unternehmen ihre Existenz und ihren zukünftigen Geschäftserfolg. Dies bestätigt die zunehmende Popularität des Net Promotor Score (NPS)[1]. Der NPS ist eine Kennzahl, die die Kundenzufriedenheit abbildet, indem die Bereitschaft der Kunden zur Weiterempfehlung des Unternehmens gemessen wird. Die grundlegende Annahme des NPS ist, dass zufriedene Kunden neue Kunden von dem Unternehmen überzeugen und gleichzeitig selbst diesem Unternehmen und seinen Produkten treu bleiben.

Unternehmen verwenden für die Sicherung und Steigerung der Kundenzufriedenheit beträchtliche Ressourcen, um Produkte, Dienstleistungen, Prozesse, etc. auf den Kunden auszurichten.[2] Bei diesen Bestrebungen nimmt die Mitarbeiterzufriedenheit einen bedeutenden Stellenwert ein. So analysiert Ruth Stock-Homburger sehr anschaulich den großen Einfluss der Mitarbeiterzufriedenheit auf die Kundenzufriedenheit. „Als zentrale Erkenntnis [...] konnte nachgewiesen werden, dass die Mitarbeiterzufriedenheit einen positiven Einfluss auf die Kundenzufriedenheit hat."[3] Auch ist davon auszugehen, dass „eine hohe Mitarbeiterzufriedenheit zu einer Reduzierung der Kosten (Personalbeschaffungskosten, Anm. d. Verf.) durch Loyalisierung der Mitarbeiter und Reduktion der Fluktuationsrate"[4] führt. Dies ist auch vor dem Hintergrund des Fachkräftemangels von Bedeutung, dem sich die deutsche Wirtschaft zunehmend ausgesetzt sieht.[5]

Das Wissen um den hohen Stellenwert der Mitarbeiterzufriedenheit wirft die Frage auf, wie dieser Erfolgsfaktor durch die Unternehmensleitung beeinflusst werden kann. Eine wichtige Rolle kommt dabei den Führungskräften zu, die gegenüber den Mitarbeitern das Unternehmen und dessen Management repräsentieren. Damit die Führungspersonen ihre Aufgaben erfolgreich ausfüllen können, ist es nötig, eine Unternehmenskultur zu schaffen, die es dem einzelnen Mitarbeiter erlaubt, sich für das eigene Unternehmen zu begeistern. Dies wird durch Werte wie Offenheit, Klarheit, Transparenz und Kommunikation erreicht, die

---

[1] Vgl. Ruf 2007 und www.vocatus.de 2007
[2] Vgl. Stock-Homburg 2009, S. 1
[3] Stock-Homburg 2009, S. 189
[4] 2hm & Associates GmbH 2010
[5] Vgl. o.V., SPIEGEL ONLINE, 2009

das Leben in einem Unternehmen prägen sollten.[6]

Die vorliegende Arbeit wird an diesem Punkt anknüpfen und die Ausstattung einer Führungskraft mit Instrumenten thematisieren, welche sie befähigen, auf die ihr unterstellten Mitarbeiter positiv einzuwirken. Insbesondere die Bewertung der Handlungsmöglichkeiten nach motivations- und effizienzorientierten Theorien und Modellen wird hierbei im Fokus stehen. Vordergründig ist die Frage zu beantworten, welche Möglichkeiten eine Führungskraft hat, Einfluss auf ihre Mitarbeiter zu nehmen, um angestrebte Ziele zu erreichen und gleichzeitig eine gedeihliche Unternehmenskultur zu pflegen. In diesem Zusammenhang sei erwähnt, dass diese Sammlung der Führungsinstrumente keinen Anspruch auf Vollständigkeit erheben kann. Eine Führungskraft führt jederzeit, ob mit bewussten, unbewussten oder unterlassenen Handlungen. So kann letztlich auch jede ihrer Handlungen als ein Führungsinstrument betrachtet werden.

Das Ziel der vorliegenden Abhandlung ist es, eine Sammlung an Instrumenten für eine Führungsperson bereitzustellen, mit der die Führungsaufgabe erfolgreich bewältigt werden kann. Um dies zu erreichen, wird neben der Beschreibung der Führungsinstrumente auch interessant sein, wie der Einsatz dieser Instrumente auf die Mitarbeiter wirkt. Hierfür wird auf der Grundlage von Motivationstheorien jedes Instrument im Einzelnen auf dessen Motivationswirkung hin untersucht. Mit diesen Erkenntnissen sollen Führungskräfte in die Lage versetzt werden, positiv auf die Zufriedenheit der Mitarbeiter einwirken zu können und gleichzeitig eine Leistungssteigerung bzw. einen Erhalt von Leistungen auf einem hohen Niveau bewirken zu können. So erhalten Führungskräfte die Möglichkeit, am Erfolg des Unternehmens mitzuwirken und durch ihre Arbeit die Existenz des Unternehmens zu sichern.

Um dieses Ziel zu erreichen, wird zunächst im Abschnitt „Grundlagen der Personalführung" eine Begriffsbestimmung der Personalführung vorgenommen und die Ziele einer Führungskraft beleuchtet sowie theoretische Grundlagen zu Motivation und Motivationstheorien erläutert. Dies soll eine Basis schaffen, mit der die einzelnen Instrumente der Führung hinsichtlich ihrer Wirksamkeit zur Mitarbeiterzufriedenheit und auch zur Steigerung der Leistung des gesamten Unternehmens beurteilt werden können. In diesem Zusammenhang wird auch eine Definition des Begriffes *Führungsinstrument* erfolgen. Am Ende dieses Abschnittes werden die Kriterien definiert, nach welchen die Führungsinstrumente zu bewerten sind. Hierbei werden neben der Motivationswirkung die Möglichkeiten der Führungskräfte, auf die Gestaltung der Führungsinstrumente Einfluss zu nehmen, betrachtet.

---

[6] Vgl. Strupat 2010

Im folgenden Abschnitt „Beschreibung und Bewertung der Führungsinstrumente" werden die geschaffenen Grundlagen mit den Führungsinstrumenten zusammengeführt. Hierfür ist zunächst eine Beschreibung des jeweiligen Instrumentes nötig. Diese wird sich mit den Anwendungsmöglichkeiten auseinandersetzen und dabei auch die Motivationswirkung der Instrumente untersuchen. Abschließend wird zu jedem Instrument eine Beurteilung auf Grundlage der Bewertungskriterien vorgenommen.

Im letzten Abschnitt „Zusammenfassung der Führungsinstrumente" steht zunächst der Zusammenhang zwischen Kunden- und Mitarbeiterzufriedenheit und die Wahl eines passenden Führungsstiles im Vordergrund. Abschließend werden alle beschriebenen Instrumente zusammenfassend grafisch aufbereitet. Dies soll einerseits die Erkenntnisse aus den vorangegangen Abschnitten übersichtlich darstellen und andererseits einen kompakten Überblick zu den Führungsinstrumenten geben, mit dem eine schnelle Einschätzung der Wirkung des jeweiligen Instrumentes und des Gestaltungsrahmens der Führungskraft möglich ist.

2 Grundlagen der Personalführung

Übernimmt ein Angestellter Personalverantwortung, wird die Personalführung für ihn ein entscheidendes Handlungsfeld, und die Aufgaben sowie Möglichkeiten einer Führungskraft müssen intensiv analysiert werden. Das soll an dieser Stelle geschehen, wobei zunächst der Begriff *Personalführung* näher betrachtet wird. Das Wissen über Personalführung soll dem Leiter einer Gruppe den Gegenstand seiner Arbeit aufzeigen. Er fungiert als Bindeglied zwischen Personal und Unternehmen. Da beide Parteien eigene Interessen verfolgen, sollen lang- und mittelfristige Zielsetzungen sowie die Philosophie und Interessen des Unternehmens ergründet werden. Im Idealfall bringt die Führungskraft die Interessen der Mitarbeiterschaft mit denen des Unternehmens in Einklang. Um die Pflichten, Rechte und Chancen der Führungskraft zu erkennen, wird zunächst der Begriff *Personalführung* definiert. Da sich dieser aus den Begriffen *Personal* und *Führung* zusammensetzt,[7] sollen diese beiden Bezeichnungen näher beschrieben werden. Insbesondere die Führung beinhaltet dabei ein umfangreiches Handlungsfeld für den Leiter einer Mitarbeitergruppe.

2.1 Personal

„Mit Personal werden die in jeder Art von Organisationen in abhängiger Stellung arbeitenden Menschen bezeichnet, die innerhalb einer institutionell abgesicherten Ordnung gegen Entgelt eine Arbeitsleistung erbringen."[8] Dabei wird die gesamte Belegschaft – einschließlich der Führungskräfte – als Personal bezeichnet, welches, aus betrieblicher Sicht, verschiedene Eigenschaften innehat. Das Personal ist gleichzeitig:[9]

- **Arbeitsträger**
  (Mitarbeiter als Produktionsfaktor)
- **motiviertes Individuum**
  (Mitarbeiter verfolgen eigenständige Ziele, die nicht zwangsläufig mit den Zielen des Unternehmens kongruent sind)
- **Koalitionspartner**
  (Mitarbeiter stehen in einem sozialen Gefüge von Personen- und Interessengruppen und vertreten somit auch deren Interessen)

---

[7] Vgl. Rahn 2008, S. 1
[8] Oechsler 2006, S. 1
[9] Vgl. Olfert 2003, S. 12

- **Entscheidungsträger**
  (je nach Stellung in der Hierarchie treffen Mitarbeiter am Arbeitsplatz Entscheidungen, die von unterschiedlicher Tragweite für das Unternehmen sind)
- **Kostenverursacher**
  (Mitarbeiter verursachen mit Anspruch auf Entgelt und Arbeitsplatz Kosten für das Unternehmen)

An dieser Stelle wird bereits deutlich, dass die Beziehungen zwischen dem Unternehmen und seinen Arbeitskräften überaus vielschichtig sind. Das Personal ist für viele Unternehmen ein zentraler Produktionsfaktor. Die Mitarbeiter eines Unternehmens sind eine wichtige Stütze für den wirtschaftlichen Erfolg, da die Arbeitsleistung der Belegschaft die Qualität und auch die Kosten eines Produktes stark beeinflusst. Hinzu kommt, dass seit jüngster Vergangenheit der Mangel an Fachkräften in Deutschland ein zentrales Thema in der öffentlichen Diskussion ist. So beklagen beispielsweise die Bundesvereinigung der Deutschen Arbeitgeberverbände (BDA) und der Bundesverband der Deutschen Industrie (BDI) bereits 2009, dass zukünftig der Mangel an Fachkräften akut zunehmen werde.[10] Auch wenn diese These kontrovers diskutiert wird,[11] so ist es für Unternehmen wichtig, das Personal stärker an das Unternehmen zu binden. Dies kann für beide Seiten von Vorteil sein. Für den Mitarbeiter wird somit die Sicherung des Arbeitsplatzes erhöht, da verdeutlicht wird, dass das Unternehmen ein erhebliches Interesse am Verbleib des einzelnen Arbeitnehmers im Unternehmen hat. Diese Sicherheit eröffnet dem Mitarbeiter zusätzlich die Möglichkeit, sich intensiver auf seine Aufgaben zu konzentrieren, da er weniger Energie auf die Sorge um den Verlust des Arbeitsplatzes oder einen Wechsel der Arbeitsstelle verwendet.

Für das Unternehmen reduziert sich hierbei die Fluktuationsquote[12] im Personalbestand. Dies ist insbesondere von Bedeutung, wenn eine Reduzierung der Personalbeschaffungskosten angestrebt wird. „Sie setzen sich aus unterschiedlichen Kosten zusammen: z. B. aus Kosten für die unbesetzte Stelle, Anwerbungskosten (für Annoncen, Personalberater, Headhunter...), Kosten der Auswahl- und Einstellungsgespräche, Einstellungskosten (z. B. Umzugskosten, Einrichtung des Arbeitsplatzes), Einarbeitungskosten, Kosten der Aus- und Fortbildung sowie Minderleistungskosten während der Phase der Einarbeitung."[13] Eine sinnvolle Nutzung dieser eingesparten Kosten wäre beispielsweise die interne Aus- und Weiterbildung. So wird die Chance erhöht, vakante Stellen im Zuge der internen Personalbeschaffung zu besetzen. Dies ist von Vorteil, da der Arbeitnehmer dem Unternehmen bereits bekannt ist, und so eine Fehlbesetzung leichter

---

[10] Vgl. o.V., SPIEGEL ONLINE 2009
[11] Vgl. o.V., SPIEGEL ONLINE 2010
[12] Vgl. Jung 2008, S. 686
[13] Sliwka 2008

vermieden werden kann.[14] Gleichzeitig reduzieren sich die Einarbeitungskosten, und das Unternehmen wird als Arbeitgeber attraktiver wahrgenommen, da so auch Karrierechancen geboten werden.

Welche Bedeutung die Mitarbeiterbindung für ein Unternehmen hat, ist vom Grad der notwendigen Qualifikation einer Stelle abhängig. Qualifizierte Fachkräfte sind auf dem Arbeitsmarkt schwerer und damit auch preisintensiver zu beschaffen, als es bei ungelernten Arbeitern der Fall ist. An dieser Stelle sei auf das bekannte Prinzip von Angebot und Nachfrage hingewiesen. Je spezialisierter bzw. qualifizierter ein Mitarbeiter sein muss, desto schwerer ist es, für ihn einen Ersatz zu finden, womit auch das Interesse des Unternehmens steigt, diesen Mitarbeiter im Arbeitsverhältnis zu halten. Andererseits ist bei unqualifizierten Tätigkeiten der Personalersatz leichter zu bewältigen, da hier sowohl das Angebot an Arbeitskräften größer ist, als auch kurze Einarbeitungszeiten ausreichend sind.

2.2 Führung

Führung ist ein Begriff, der viele Aspekte einschließt, und in allen Ebenen der Unternehmensstruktur stattfindet. Der Zürcher Ansatz der Führung[15] soll verdeutlichen, welcher Aspekt der Führung im Zusammenhang mit Führungsinstrumenten betrachtet wird. Dieser Ansatz hat den Vorteil, dass er allgemeingültig ist, d. h. sich nicht auf einzelne Branchen, Unternehmensgrößen, -arten, o. ä. beschränkt.[16] Abb. 1 gibt einen ersten Überblick, welche Führungsarten der Zürcher Ansatz unterscheidet. Eine Einordnung in das St. Galler Management-Konzept die Stellung der Führungsarten noch verdeutlichen.

Dieser Ansatz umfasst zum einen die inhaltliche Dimension der Führung, die sich mit den gestaltenden Aufgaben der Führung beschäftigt und verglichen mit dem St. Galler Management-Konzept eher in der normativen und strategischen Unternehmensführung angesiedelt ist. Nach dem St. Galler Management-Konzept wird die Unternehmensführung in eine normative, strategische und operative Ebene unterteilt.[17] Die normative Ebene „prägt den Gestaltungsrahmen, der einem Unternehmen seine Identität verleiht",[18] während sich die strategische Ebene damit beschäftigt, wie die normativen Vorgaben erfolgreich umgesetzt werden können.[19] Zum anderen ist im Zürcher Ansatz eine formelle Dimension vorhanden, die sich mit der Führung von Mitarbeitern auseinandersetzt. Im St. Galler Management-

---

[14] Vgl. Sliwka 2008
[15] Vgl. Rühli 1992, S. 1ff
[16] Vgl. Peterhans 1995, S. 226
[17] Vgl. Bleicher 2004, S. 80
[18] Dillerup und Stoi 2006, 37
[19] Vgl. ebd.

Konzept kann die formelle Dimension der operativen Unternehmensführung zugeordnet werden, da hier die Vorgaben der normativen und strategischen Ebene im sogenannten Tagesgeschäft vollzogen werden, indem sie die Koordinierung der laufenden Aktivitäten übernimmt.[20]

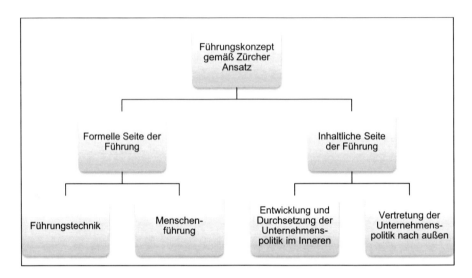

Abb. 1: Zürcher Ansatz (vgl. Rühli, 1992, S.3)

Bei der formellen Führung spricht Rühli von einer „Steuerung der multipersonellen Problemlösung",[21] die immer dann nötig werde, wenn Menschen gemeinsam ein Problem lösen. Dabei gebe es eine führungstechnische und eine menschenbezogene Dimension. Die Führungstechnik stellt die Problemlösung in den Vordergrund, die sich mit der Analyse und Lösung einer konkreten Aufgabenstellung befasst.

Die Gesamtheit der Führungsinstrumente betrachtend, ist die Menschenführung von besonderem Interesse. In dieser Dimension beleuchtet der Zürcher Ansatz die Elemente der beteiligten Menschen, die Beziehung zwischen Vorgesetztem und Mitarbeiter und den sozialen Kontext.[22] Als eines der wichtigsten Bindeglieder zwischen Unternehmen und seinen Mitarbeitern fungiert der direkte Vorgesetzte[23]. Besonders in stark hierarchisch organisierten Unternehmen ist er es, der das Unternehmen dem Mitarbeiter gegenüber repräsentiert und so die Bindung zwischen Mitarbeiter und Unternehmen herstellt. Um diese

---

[20] Vgl. Dillerup und Stoi 2006, S. 37
[21] Rühli 1992, S. 2
[22] Vgl. Rühli 1992, 7
[23] Im Rahmen der vorliegenden Arbeit ist unter einem direkten Vorgesetzten bzw. einer direkten Führungskraft immer die Person der nächst höheren Leitungsebene aus Sicht des betreffenden Mitarbeiters bzw. der Mitarbeitergruppe zu verstehen. Hierbei wird bewusst nicht auf die Besonderheiten im Zusammenhang einer Matrixorganisation eingegangen, da diese Organisationsform nur noch selten anzutreffen ist.

Aufgabe bewältigen zu können, muss die Führungskraft zunächst verstehen, was sich hinter dem Begriff *Führung* – im angloamerikanischen Sprachraum als *Management* bzw. *to manage*[24] – verbirgt. Nach dem Zürcher Ansatz besteht Führung in einer bewussten Beeinflussung des Mitarbeiters durch den Vorgesetzten, um ein Verhalten zu erwirken, dass die gewünschte Problemlösung ermöglicht.[25] Dabei ist es für die Führungskraft interessant, auf welcher Grundlage die eigene Autorität beruht. Dies ist zu einem großen Teil von der Art der Führung, dem individuellen Führungsstil, abhängig. An dieser Stelle sollen die später noch genauer benannten und beschriebenen Führungsinstrumente ansetzen und dem Leiter einer Mitarbeitergruppe eine Sammlung von Handwerkszeug aufzeigen, um diese Verhaltensbeeinflussung möglichst effizient umzusetzen.

Damit ist eine Eingrenzung geschaffen, welcher Teil des Führungsspektrums in dieser Arbeit behandelt werden soll. Jedoch hat der Führungsbegriff noch weitergehende Aspekte. Arbeiten mehrere Personen gemeinsam an einer Problemlösung, entsteht ein Koordinationsbedarf, der die Notwendigkeit einer Führung erforderlich macht.[26] Bei jeder arbeitsteiligen Aufgabenstellung findet eine gegenseitige Verhaltensbeeinflussung statt, um ein bestimmtes Ziel, die Problemlösung, zu erreichen. Auch dies ist Führung, selbst wenn keine vorgegebene Hierarchie existiert, da sich Menschen gegenseitig beeinflussen und sowohl als Führer als auch Geführter auftreten. Unter der Prämisse, dass durch diese Verhaltensbeeinflussung ein Problem gelöst werden soll, ist es für den Führenden wichtig, durch sein Verhalten bei dem Geführten ein eigenes Bedürfnis zu schaffen, die Problemlösung auf die bestmögliche Weise zu erreichen. Die Führungskraft sollte also bemüht sein, in ihren Mitarbeitern eine starke Motivation zu erzeugen. Auch zur möglichst erfolgreichen Realisierung dessen können die Führungsinstrumente eine Unterstützung liefern.

2.3 Ziele der Personalführung

Nachdem der Begriff *Personalführung* in seinen Bestandteilen näher erläutert wurde, steht nun die Frage, wohin die Führungskraft führen soll. Sie muss sich über die Ziele, die mit den Aktivitäten im Rahmen der Führungstätigkeit erreicht werden sollen, Klarheit verschaffen. Besteht darüber eine eindeutige Vorstellung, fällt es der Führungskraft leichter, Entscheidungen entsprechend den gesetzten Zielen auszurichten. Hierbei wird die Führungskraft sowohl materielle als auch immaterielle Ziele verfolgen.

---

[24] Vgl. Dillerup und Stoi 2006, S. 6
[25] Vgl. Rühli 1992, S. 6f
[26] Vgl. Hentze, Graf und Kammel, et al. 2005, S. 1

Mit den ökonomischen Zielen der Führungskraft manifestiert sich häufig der Wunsch der Kapitalgeber nach steigenden Gewinnen und Expansion der Unternehmung. Ermöglicht werden kann dies einerseits durch Kostenminimierung in der Produktion, im Bereich der Personalführung sowie durch Reduktion von Personalkosten und andererseits, indem die Qualität der Arbeit maximiert wird, um so eine Steigerung des Absatzes anzustoßen.[27] Dabei ist zu beachten, dass eine Führungskraft häufig nicht in der Lage ist, direkt auf die Personalkosten, beispielsweise Gehaltskürzungen, Einfluss zu nehmen. Jedoch hat sie die Möglichkeit, die Leistungsfähigkeit der Mitarbeiter dergestalt zu steigern, dass bei gleichen Personalkosten ein höherer Output entsteht und so die Produktionskosten je geleisteter Einheit gesenkt werden. Ein weiteres Handlungsfeld besteht in der Reduktion von fehlerhafter Arbeit. Mit sinkender Fehlerhäufigkeit werden ebenfalls bessere Produktionskosten erreicht und gleichzeitig auch die Qualität der Produktion gesteigert.[28] Ziel der Führungskraft ist es, diese Reduzierung der Kosten in der Art an die Mitarbeiter zu vermitteln, dass diese freiwillig bereit sind, die eigene Leistungserbringung auf ein höchstes Maß zu steigern, und so einen Beitrag zum Wachstum der Unternehmung zu leisten.

Ein Arbeitnehmer hat aus seinem Arbeitsvertrag heraus Pflichten der Leistungserbringung, für die das Unternehmen Geld in Form eines Gehaltes zahlt. Aufgabe und auch Ziel der Führung ist es, diese Pflichten in ihrer optimalen Form zu nutzen. In Abb. 2 finden sich jedoch diverse Anforderungen, die nicht zwingend durch einen Arbeitsvertrag eingefordert werden können, aber die Leistungserbringung durchaus sehr steigern können. Beispiele hierfür sind Verbesserungsvorschläge, Loyalität oder auch selbstständige Bewältigung von Schwierigkeiten.[29] Des Weiteren sind einige Punkte nur schwerlich nachweisbar und so auch schwer erzwingbar, wie z. B. die Vergeudung von Arbeitszeit.[30] Bei manchen Pflichten des Arbeitnehmers, wie beispielsweise dem sparsamen Verbrauch von Energie und Ressourcen, kann einem Mitarbeiter keine Pflichtverletzung vorgeworfen werden. Vergeudet ein Mitarbeiter mehr Ressourcen als ein anderer, der sparsamer mit Arbeitsmitteln umgeht, kann dieser die Pflicht zur Leistungserbringung aus dem Arbeitsvertrag trotzdem erfüllen.[31]

In Abb. 2 wird dargestellt, welche Bereiche des Mitarbeiterverhaltens möglichst verstärkt bzw. verringert werden sollten, um eine optimale Leistungserstellung zu erreichen. Hierbei sollte die Führungskraft von Folgendem ausgehen: „die Ausschöpfung des optimalen Leistungsbeitrages ist [...] zum größten Teil abhängig vom guten Willen des Arbeitnehmers. Daraus ergibt sich als ein Hauptziel der Personalwirtschaftslehre, die Mitarbeiter so zu

---

[27] Vgl. Jung 2008, S. 12
[28] Vgl. ebd.
[29] Vgl. ebd.
[30] Vgl. ebd.
[31] Vgl. ebd.

motivieren, dass sie die Leistung, die sie erbringen können, auch erbringen wollen."[32] Für die Führungskraft ist es eine sehr wichtige Aufgabe, diese Motivation bei den Mitarbeitern zu generieren, um so indirekt auf die Produktions- und Personalkosten Einfluss zu nehmen.

Optimierung des Leistungsbeitrags der Mitarbeiter durch die ...	
... Bereitschaft zu:	... Vermeidung von:
– Sparsamem Verbrauch von Werkstoffen, Hilfsstoffen und Energie – Schonung und Pflege betrieblicher Einrichtungen, Anlagen und Geräte – Abgabe von Rationalisierungs- und Verbesserungsvorschlägen – Einhaltung vorgegebener Termine – Kooperation und Hilfsbereitschaft gegenüber Mitarbeitern und Arbeitsgruppen – Zuverlässigkeit und Gewissenhaftigkeit bezüglich übernommener Rechte und Pflichten – Weitergabe von Informationen und Know-how – Loyalität gegenüber Betrieb und Vorgesetzten – Weiterbildung auf den neuesten Stand beruflichen Wissens – Selbstständiger Bewältigung unvorhersehbarer Schwierigkeiten	– Unberechtigten Fehlzeiten – Betrieblich unerwünschtem Arbeitsplatzwechsel – Gefährdung von Personen und Sachen – Leerlauf und Wartezeiten bei Personen und Betriebsmitteln – Vergeudung von Arbeitszeit – Diebstahl von Gütern und geistigem Eigentum anderer Mitarbeiter – Auseinandersetzungen, die den Arbeitsfrieden stören – Mangelnder Arbeitsdisziplin und Unpünktlichkeit

Abb. 2: Optimierung des Leistungsbeitrages (Quelle: Jung 2008, S. 13)

Wie dargestellt besteht die Herausforderung für die Führungskraft darin, die ökonomischen Ziele des Unternehmens mit den persönlichen Zielen der Mitarbeiter in Einklang zu bringen. Durch einen Wertewandel, der sich in den letzten Jahrzenten immer stärker abgezeichnet hat, ändern sich die Ansprüche der Menschen an den Arbeitsplatz deutlich.[33] Gründe für diesen Wandel sind u. a. in steigenden Qualifikationen[34] sowie dem bereits angesprochenen Mangel an Fachkräften zu suchen. Statt Erwerbsarbeit als eine Absicherung des Überlebens anzusehen, hat sich die Einstellung zur Arbeit, insbesondere auch in Unternehmen dahingehend geändert, dass die Angestellten verstärkt eigene Vorstellungen verwirklichen wollen. Dies findet darin Ausdruck, dass für Mitarbeiter auch Beschäftigungen außerhalb der Arbeit zunehmend an Bedeutung gewinnen und Beschäftigte sich mit ihren eigenen Vorstellungen auch im Beruf verwirklichen wollen, um so z. B. kooperativ am Erfolg des Unternehmens mitzuwirken. Hierbei entsteht auch der „Wunsch vieler Mitarbeiter nach mehr

---

[32] Jung 2008, S. 13
[33] Vgl. ebd., S. 14
[34] Vgl. ebd., S. 14

Kooperation in Teams sowie mehr Kommunikation und Offenheit".[35] Häufig ist auch der Wunsch nach Verbesserung der beruflichen Position – der Karriere – ein individuelles Ziel des einzelnen Mitarbeiters.

Für die Führungskraft entsteht aus dieser Entwicklung die Aufgabe, diese Bedürfnisse entsprechend zu nutzen. An dieser Stelle hat sie die Chance, die individuellen Ziele der Mitarbeiter mit den Zielen der Unternehmung in Einklang zu bringen. Es ist jedoch wichtig, die Chance zum Abgleich der Zielvorstellungen nicht ungenutzt zu lassen. Andernfalls besteht die Gefahr der Demotivierung von Mitarbeitern. Im Bild der Opportunitätskosten würde so Humankapital verschenkt, welches andernfalls produktiv genutzt werden könnte, wenn die Führungskraft auf diese Möglichkeit zugunsten anderer Aufgaben verzichten würde. Dabei muss sie beachten, dass auch Zielvorstellungen existieren, die einander ausschließen. Diese Begriffsbestimmung zeigt die wichtige Schlüsselfunktion, die eine Führungskraft in einem Unternehmen einnimmt und die Größe des Potentials, dass im Zuge einer guten, am Mitarbeiter ausgerichteten Führung gehoben werden kann.

2.4 Theorien zu Motivation und Bewertungsgrundlagen

Um die Führungsrolle erfolgreich auszufüllen, sind neben den Kenntnissen um die Personalführung noch weitere Punkte von Bedeutung. Diese sollen im folgenden Abschnitt näher betrachtet werden. Dabei handelt es sich im Wesentlichen um die theoretischen Grundlagen zu Motivation und deren Entstehung sowie Kriterien, nach welchen die Führungsinstrumente mit Hilfe der theoretischen Grundlagen beurteilt werden sollen.

2.4.1 Motivation – Triebfeder menschlichen Handelns

Die Frage, weshalb Menschen bestimmte Leistungen vollbringen,[36] liegt maßgeblich in der Motivation begründet. Motivation ist der „Wunsch, etwas zu gestalten, etwas zu erreichen und zu bewirken. Dieser Wunsch ist, wenn auch unterschiedlich stark ausgeprägt, grundsätzlich in jedem Menschen vorhanden."[37] Er resultiert aus dem Drang des Menschen, Bedürfnisse zu befriedigen[38] und den aktuellen Zustand an einen gewünschten, dem

---

[35] Jung 2008, S. 14
[36] Vgl. Pelz 2004, S. 101
[37] Niermeyer und Seyffert, Motivation 2009, S. 12
[38] Vgl. Jung 2008, S. 367

Bedürfnis entsprechenden, Zielzustand anzugleichen.[39]

Motive sind in diesem Zusammenhang als individuelle Bedürfnisse[40] zu verstehen, die befriedigt werden sollen. Dies beinhaltet sowohl Grund- und Existenzbedürfnisse als auch Sicherheits- und Sozialbedürfnisse sowie Anerkennung, Wertschätzung und das Bedürfnis nach Selbstverwirklichung.[41] Motive können zum einen in primäre, also unbefriedigte Bedürfnisse, und sekundäre, Mittel zur Befriedigung anderer Bedürfnisse, eingeteilt werden.[42] Zum anderen existiert eine weitere Einteilung, die insbesondere aus beruflicher Sicht von Interesse ist. Diese Einteilung unterscheidet zwischen intrinsischen und extrinsischen Motiven. Das intrinsische Motiv erfährt Befriedigung aus der Tätigkeit selbst, indem die eigene Leistung oder auch die notwendige Kompetenz hoch eingeschätzt wird. Dem entgegen steht das extrinsische Motiv, welches für die Befriedigung auf externe Faktoren wie Geld, Sicherheit oder auch Prestige angewiesen ist.[43]

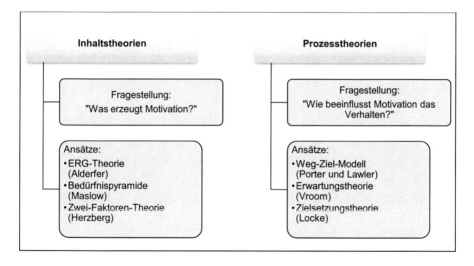

Abb. 3: Ausgewählte Inhalts- und Prozesstheorien (Quelle: Hungenberg & Wulf, 2007, S. 277)

Aus den Motiven leitet sich die Motivation, als Triebfeder menschlichen Handelns, ab, welche maßgebend für die Leistung von Mitarbeitern in Unternehmen ist. Hieraus ergibt sich das große Interesse von Unternehmen an deren Erforschung. Es existiert eine Vielzahl an Theorien, die sich mit Erklärungen von Motivation auseinandersetzen. Diese Vielzahl entstand durch die verschiedenen Schwerpunkte, welche dabei zugrunde gelegt wurden.

---

[39] Vgl. Reihnberg 2008, S. 16
[40] Vgl. Jung 2008, S. 367
[41] Maslow 1977
[42] Vgl. Jung 2008, S. 370 in Anlehnung an die ERG-Theorie von Alderfer
[43] Vgl. ebd.

Aus betriebswirtschaftlicher Sicht lassen sich die Motivationstheorien in zwei Gruppen einteilen. Inhaltstheorien beschäftigen sich mit der Frage, wie Motivation entsteht, während die Prozesstheorien hinterfragen, wie Motivation das Verhalten des Menschen beeinflusst (Abb. 3).[44] Eine stringente Trennung dieser zwei Gruppen ist jedoch nicht immer sinnvoll. Ansätze der Inhaltstheorien verfügen über Berührungspunkte mit denen der Prozesstheorien, so dass diese sich gegenseitig durchaus ergänzen können. Im Rahmen dieser Arbeit soll dies an der ERG-Theorie von Alderfer und dem Weg-Ziel-Modell von Porter und Lawler verdeutlicht werden. Diese beiden Ansätze sollen später auch zur Beurteilung der Führungsinstrumente zugrunde gelegt werden.

Die ERG-Theorie von Alderfer ist eine Weiterentwicklung der Bedürfnispyramide von Maslow. Dieser hat folgende Rangfolge erstellt, nach der Menschen ihre Bedürfnisbefriedigung anstreben:[45]

1. Physiologische Bedürfnisse
2. Sicherheitsbedürfnisse
3. Soziale Bedürfnisse
4. Wertschätzung (Ich-Bedürfnisse)
5. Selbstverwirklichung

Maslow geht davon aus, dass Menschen ihre Bedürfnisse nach einer bestimmten Rangfolge befriedigen und erst nach vollständiger Befriedigung einer Stufe die nächst höhere anstreben. Um dies an einem Beispiel zu verdeutlichen, werden nach Maslow zunächst Grundbedürfnisse wie Hunger und Durst, also physiologische Bedürfnisse, gestillt, bevor der Wunsch nach Sicherheit, auch der nach einem sicheren Arbeitsplatz, angestrebt wird. Nach dieser These wirkt das niedrigste als nicht ausreichend befriedigt empfundene Bedürfnis handlungsmotivierend.[46]

Damit wird die Aussage getroffen, dass Menschen so lange auf der jeweiligen Stufe der Bedürfnisse verweilen, bis diese erfüllt sind. Bei ausbleibender Befriedigung „wird eine Person unzufrieden – mit entsprechend negativen Konsequenzen für die Arbeitsmotivation."[47] Genau diesen Punkt greift Alderfer in seiner ERG-Theorie auf. Mit seiner Weiterentwicklung der Bedürfnispyramide fasst Alderfer die fünf Bedürfnisse von Maslow zu folgenden drei Bedürfnisgruppen zusammen (Abb. 4):[48]

---

[44] Vgl. Hungenberg und Wulf 2007, S.277
[45] Vgl. Drumm 2008, S. 392
[46] Vgl. Jung 2008, S. 385
[47] Hungenberg und Wulf 2007, S. 238
[48] Vgl. Jung 2008, S. 387

- Existence needs (Existenzbedürfnisse)
- Related needs (Soziale Bedürfnisse)
- Growth needs (Wachstums- und Selbstverwirklichungsbedürfnisse)

Gleichzeitig postuliert Alderfer im Gegensatz zu Maslow, dass keine strenge Hierarchie der Bedürfnisebenen existiert.[49] Vielmehr geht er davon aus, dass als Ersatz auch ein niedrigeres Bedürfnis befriedigt werden kann. Die ERG-Theorie entwickelt an dieser Stelle die Frustrations-Regressions-Hypothese, die besagt, dass eine Person auf das nächst niedrigere Bedürfnis ausweicht, wenn ein höheres Bedürfnis nicht befriedigt werden kann. Zusätzlich existieren noch die Frustration-Hypothese, nach der ein nicht befriedigtes Bedürfnis dominant wirkt, und die Befriedigungs-Progressions-Hypothese, nach der ein befriedigtes Bedürfnis zur nächst höheren Stufe der Bedürfnisse führt.[50]

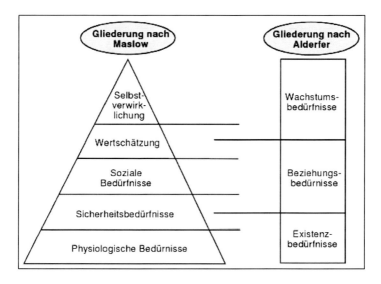

Abb. 4: Vergleich der Bedürfnispyramide von Maslow und ERG-Theorie nach Alderfer (Quelle: Hugenberg & Wulf, 2007, S. 283)

Die ERG-Theorie ist mit diesen Hypothesen flexibler als Maslows Theorie bezüglich der unterschiedlichen Reaktionen des Menschen auf erfolgreiche oder nicht erfolgreiche Befriedigung der Bedürfnisse und kann so auch der empirischen Motivationsforschung besser folgen.[51] Zusammenfassend kann eine Führungskraft aus dieser Theorie ableiten, was Menschen motiviert, eine Leistung zu erbringen. Wird dies von der Führungskraft entsprechend analysiert, besteht an diesem Punkt auch die Möglichkeit, eine gezielte

---
[49] Vgl. Hungenberg und Wulf 2007, S. 282
[50] Vgl. Hentze und Graf, Personalwirtschaftslehre 2 2005, S. 24
[51] Vgl. Staehle 1991, S. 205

Verhaltensbeeinflussung vorzunehmen.

An dieser Stelle sei noch die Zwei-Faktoren-Theorie von Herzberg erwähnt. Diese wird insbesondere bei der abschließenden Bewertung der Führungsinstrumente von Interesse sein. Die Abb. 5 zeigt, dass nach Herzbergs Theorie bestimmte Faktoren, die Hygienefaktoren, vorhanden sein müssen, damit ein Mitarbeiter nicht unzufrieden ist. Hiermit entsteht jedoch noch keine Motivation, die den Mitarbeiter veranlasst, ein gesteigertes Leistungsniveau zur Verfügung zu stellen. Dafür müssen zusätzlich zu den Hygienefaktoren noch Motivatoren auf den Mitarbeiter einwirken.[52]

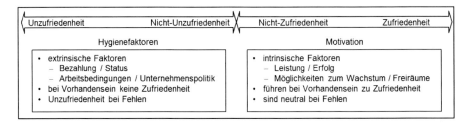

Abb. 5: Zwei-Faktoren-Theorie nach Herzberg (Quelle: Jung, 2008, S. 389)

Ein weiterer Aspekt der Motivation findet sich in den Prozesstheorien. Bei diesen steht die Frage im Vordergrund, wie sich Motivation auf das Verhalten von Menschen auswirkt. Für die Bewertung der Führungsinstrumente wird in dieser Arbeit das Rückkopplungsmodell nach Porter und Lawler herangezogen. Dieses ist eine Weiterentwicklung des VIE-Motivationsmodells von Vroom, welches für die praktische Arbeit einer Führungskraft ein gutes Verständnis der Motivationsmodelle ermöglicht.

Das VIE-Modell ist ein Weg-Ziel-Modell, nach dem eine bestimmte Leistung erbracht wird, wenn die daraus entstehende Leistung als erstrebenswert erachtet wird.[53] Nach Vroom ist die Leistung der Mitarbeiter von folgenden Faktoren abhängig:[54]

- **V**alenz: subjektiver Nutzen der Belohnung, die mit Zielerreichung verbunden ist; die Valenz kann sowohl positiv als auch negativ bewertet werden und wird von den Motiven des Mitarbeiters bestimmt
- **I**nstrumentalität: Bewertung, inwieweit bestimmte Handlungen und deren Ergebnisse als geeignetes Mittel zur Zielerreichung dienen

---

[52] Vgl. Jung 2008, S. 389
[53] Vgl. Franken 2004, S. 102
[54] Vgl. Jung 2008, S. 398

- **E**rwartung: subjektive Wahrscheinlichkeit, mit einer bestimmten Handlung ein bestimmtes Ziel zu erreichen

Aus den drei Teilen V, I und E ergibt sich die Kraft, mit der ein Mitarbeiter seine Ziele verfolgt und entsprechend seine Leistung für das Unternehmen erbringt. Vroom hat diese Abhängigkeit in Form der mathematischen Formel

$$\text{Motivation} = \text{Erwartung} * \text{Instrumentalität} * \text{Valenz}$$

dargestellt. Da es in der Praxis jedoch schwierig erscheint, einen Mitarbeiter anhand konkreter Zahlen zu taxieren, wird diese Arbeit nicht näher auf diese Formel eingehen. Entscheidender ist im Hinblick auf die Personalführung das grundsätzliche Verständnis der Theorien.

Porter und Lawler erweitern die Theorie von Vroom um Einflussfaktoren aus der betrieblichen Praxis, wie Fähigkeiten, Charakterzüge und Rollenwahrnehmung. So gibt das Modell auch der Individualität des Einzelnen Gewicht. Zusätzlich existiert hier noch ein mehrfacher Rückkopplungsmechanismus, der es dem Mitarbeiter erlaubt, aus seinen Erfahrungen zu lernen.

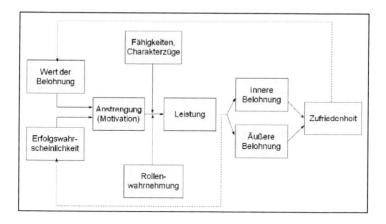

Abb. 6: Rückkopplungsmodell nach Porter und Lawler (Quelle: Pelz, 2004, S. 117)

Dieses Modell postuliert eine Kausalkette über Anstrengung, Leistung und daraus sich ergebender Zufriedenheit, die über die Rückkopplung einen verstärkenden oder abschwächenden Effekt auf zukünftige Leistungen hat – je nachdem, wie die Belohnung empfunden wurde.[55] An dieser Stelle ist darauf hinzuweisen, dass Menschen zu hedonistischer Adaptation neigen. Dies bedeutet, dass sie sich schnell an einen positiven

---
[55] Vgl. Pelz 2004, S. 118

Zustand der Bedürfnisbefriedigung gewöhnen und diesen in Zukunft als einen Normalzustand ansehen. Für eine Führungskraft hat dies zu Folge, dass ein Anreiz, wie beispielsweise eine pekuniäre Belohnung, der/die stark motivierend gewirkt hat, im Wiederholungsfalle nicht mehr den gleichen Erfolg liefern könnte.

Zusammenfassend ist festzustellen, dass die Inhaltstheorien der Führungskraft einen Einblick darüber geben, was Mitarbeiter veranlasst, eine Leistung zu erbringen. Das Verständnis der Prozesstheorien ermöglicht es der Führungskraft wiederum zu erkennen, wie die Motive der Mitarbeiter so genutzt werden können, dass aus Sicht des Unternehmens ein bestmögliches Arbeitsergebnis erreicht wird. Einschränkend muss jedoch festgestellt werden, dass diese Modelle die Unternehmenspraxis nicht detailgetreu darstellen können, da die Komplexität menschlichen Verhaltens jedes theoretische Modell zwangsläufig vor unlösbare Aufgaben stellen muss. Sie schaffen jedoch ein grundlegendes Verständnis für menschliche Handlungsweisen.

Um ein besseres Verständnis darüber zu erlangen, wie Führungsinstrumente die Motivation der Menschen beeinflussen, werden in dieser Arbeit die ERG-Theorie und das Rückkopplungsmodell von Porter und Lawler zur Bewertung genutzt. So ist die ERG-Theorie offener, indem sie berücksichtigt, „dass Menschen unterschiedlich auf Bedürfnisbefriedigung und Nichtbefriedigung reagieren [...] und damit in stärkerem Maße den Erkenntnissen der Motivationsforschung"[56] folgen als die Bedürfnispyramide von Maslow. Das Rückkopplungsmodell stellt einer Führungskraft wiederum in einer übersichtlichen Form dar, wie sich Motivation auswirkt. Zusätzlich wird aus Abb. 5 deutlich, wie die Mitarbeiterzufriedenheit sich auch auf deren Leistungen auswirken kann. Entsteht aus der Belohnung eine hohe Zufriedenheit, so wird der Mitarbeiter auch den Wert zukünftiger Belohnungen entsprechend höher einschätzen und seine Anstrengung verstärken. Dies unterstützt in der Folge den bereits erwähnten positiven Effekt der Mitarbeiterzufriedenheit auf die Kundenzufriedenheit.

Zwischen der Inhalts- und der Prozesstheorie existiert ein Zusammenhang. Der Berührungspunkt beider Theorien liegt in der Motivation. Während die Prozesstheorie von Porter und Lawler von einer Motivation bzw. einer Anstrengung spricht, analysiert die Theorie von Alderfer das Entstehen von Motivation. So erscheint eine Zusammenführung beider Theorien am Knotenpunkt Motivation durchaus als sinnvoll.

Da die Inhaltstheorien das Entstehen von Motivation durch Motive analysieren, wird es möglich, die Prozesstheorie an der Stelle der Anstrengung (Motivation) um die Inhaltstheorie

---

[56] Vgl. Hungenberg und Wulf 2007, S. 284

zu ergänzen. Dabei wird das Modell von Porter und Lawler um eine Dimension erweitert (Abb. 7). Dies ermöglicht der Führungskraft neben der Wirkung eines Leistungsanreizes auch dessen Entstehung zu erkennen. Das Theorem aus diesen Modellen könnten so in der praktischen Arbeit helfen, die Führungsinstrumente optimal einzusetzen.

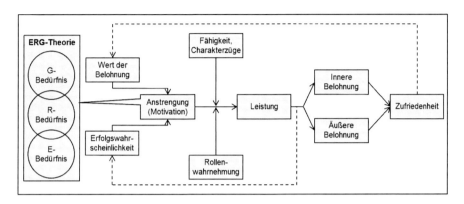

Abb. 7: Einbindung der ERG-Theorie in das Weg-Ziel-Modell von Porter und Lawler

2.4.2 Definition Führungsinstrument

Zur Definition des Begriffes *Führungsinstrument* ist zunächst eine Zerlegung in seine Bestandteile *Führung* und *Instrument* sinnvoll. Der Begriff Führung wurde bereits an anderer Stelle ausführlich erörtert. Das Wort *Instrument* leitet sich aus dem lateinischen Begriff *instrumentum* ab und hat in der Übersetzung die Bedeutung eines Werkzeuges[57], eines Hilfsmittels, um eine anstehende Aufgabe auszuführen. Dieser Anspruch ist auch an ein Führungsinstrument zu stellen. Es soll einer Führungskraft ein Hilfsmittel sein, mit welchem sie in der direkten Führungsarbeit mit Mitarbeitern eine gezielte Verhaltensbeeinflussung vornehmen kann, wie es auch schon im Zusammenhang mit dem Zürcher Ansatz beschrieben wurde. Als Führungsinstrumente können somit „alle diejenigen Mittel und Verfahren, die zur Beeinflussung des Mitarbeiterverhaltens"[58] dienen, bezeichnet werden.

Da diese Definition eine unüberschaubare Menge an Instrumenten ermöglicht, erfolgt vorab eine Abgrenzung in folgende zwei Gruppen:[59]

- Organisatorische Führungsinstrumente

---

[57] Vgl. Duden
[58] Drumm 2008, S. 452
[59] Vgl. ebd., S. 453

- Personale Führungsinstrumente

Die erste Gruppe umfasst dabei Maßnahmen der Führung, die einen gestaltenden Charakter auf den Führungsprozess haben. Der Nutzen dieser Instrumente ist eher aus Sicht der Unternehmensleitung interessant, da mit ihnen eine strategische Organisation der Führungsaufgabe im Unternehmen entwickelt werden kann. Diese Führungsinstrumente eigenen sich für eine Mitarbeiterbeeinflussung und können auf das gesamte Personal oder auf größere definierte Gruppen angewandt werden. Hierzu zählen beispielsweise die Corporate Identity, die Strategie eines Unternehmens oder auch Unternehmensvisionen. Solche Instrumente haben eine richtungsweisende Funktion, sind jedoch nicht explizit auf einzelne Mitarbeiter abgestimmt. Jedoch ist auch eine Nutzung solcher Instrumente in der direkten Führungsarbeit vorstellbar und wird später noch genauer analysiert.

Im Rahmen dieser Arbeit stehen die Instrumente im Fokus, die der zweiten Gruppe, den personalen Führungsinstrumenten, zuzuordnen sind. Hierbei handelt es sich um Instrumente, die in Bezug auf einen einzelnen Mitarbeiter angewandt und dementsprechend auch individuell auf ihn angepasst werden können. Im Einzelnen werden folgende Instrumente analysiert:

- positive und negative Kritik
- Mitarbeitergespräch
- Personalentwicklung
- Anreizsystem
- Zielvereinbarung
- Symbole
- Delegation

Diese Auswahl an Instrumenten, die einer Führungskraft für ihre Arbeit zur Verfügung stehen, soll als eine Basis verstanden werden, die durchaus noch Erweiterung finden kann. So wird in der Literatur eine sehr große Vielfalt an Führungsinstrumenten beschrieben.[60] Hinzu kommt, dass eine Führungsperson aufgrund ihrer besonderen Position innerhalb einer Personengruppe eine Vorbild- und Leitfunktion hat. Dies führt dazu, dass ein Mitarbeiter das Verhalten der Leitperson genau beobachten und daraus Verhaltensrichtlinien ableiten wird. So entsteht bereits eine Verhaltensbeeinflussung, die gezielt genutzt werden kann.

Im Zusammenhang mit dem Einsatz von Führungsinstrumenten sollte sich eine Führungskraft auch vergegenwärtigen, dass deren Wirkung von der konkreten Situation

---

[60] Vgl. Drumm 2008, S. 452

abhängig ist. Damit kann keine deterministische Wirkung der Instrumente vorausgesetzt werden.[61] Da jedoch in der Praxis die Führungsaufgabe trotz allem ausgefüllt werden muss, soll mit dieser Arbeit das Verständnis für die Wirkung eines bestimmten Führungsverhaltens geschaffen werden.

2.4.3 Bewertungskriterien

Um dieses Verständnis schaffen zu können, ist vorab zu definieren, wie die einzelnen Instrumente bewertet werden sollen. Hierfür wird zunächst das jeweilige Führungsinstrument in die Kategorien aus Abb. 8 eingeordnet. So kann eine Führungskraft ableiten, wie dieses Instrument wirkt und wie groß der eigene Gestaltungsrahmen des jeweiligen Instrumentes ist.

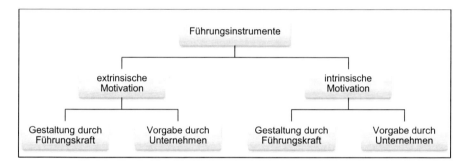

Abb. 8: Einteilung der Führungsinstrumente (eigene Darstellung)

Bei der intrinsischen Motivation stellen die Aktivität oder deren Ziel selbst die Motivation einer Handlung dar.[62] Dieser Ansatz unterstellt, dass die Motivation zu einer Handlung daraus entsteht, dass die Tätigkeit selbst Vergnügen bereitet und das Erreichen selbst gesetzter Ziele als interessante Belohnung angesehen wird.[63] Das Sprichwort „Der Weg ist das Ziel" erscheint zu diesem Ansatz sehr treffend. Weitere Ausprägungen der intrinsischen Motivation sind das Einhalten von Normen um ihrer selbst willen.[64] An dieser Stelle ist anzumerken, dass besonders für kreative Aufgaben die intrinsische Motivation äußerst hilfreich sein kann.[65] Als Gegenstück tritt die extrinsische Motivation auf, welche eine Reaktion auf äußere Anreize ist. Als offensichtlichstes Beispiel sind in diesem Zusammenhang monetäre Anreize anzuführen. Diese finanziellen Mittel dienen nicht der

---

[61] Vgl. Drumm 2008, S. 453
[62] Vgl. Frey und Osterloh 2002, S. 24
[63] Vgl. Frost 2005, S. 251
[64] Vgl. Abb. 1-1 Frey und Osterloh 2002, S. 25
[65] Vgl. Frost 2005, S. 261

direkten Bedürfnisbefriedigung. Jedoch können mit ihnen vorhandene Bedürfnisse erfüllt werden.

Im Kontext des Weg-Ziel-Modells von Porter und Lawler ist die ex- und intrinsische Motivation eine Folge aus zu erwartender innerer und/oder äußerer Belohnung. Dabei ist zu beachten, dass diese Motivationsformen nicht getrennt betrachtet werden sollten. Ein einfaches Beispiel wäre, dass ein Mitarbeiter mit einer hervorragenden inneren Motivation schlussendlich dennoch keine befriedigende Leistung erbringen wird, wenn die monetäre Belohnung fehlt.[66] „Das Entgelt ist wenig zur Motivation geeignet, und trotzdem ist es wichtig: unzureichendes Entgelt führt zu einer Arbeitsunzufriedenheit, die mit keinem anderen Anreiz ausgeglichen werden kann."[67] Bei einer Untersuchung des Instituts der Deutschen Wirtschaft wurde die Wirkungsdauer von Motivationsmitteln durch Befragung von ca. 500 klein- und mittelständigen Unternehmen erforscht. Dabei stellte sich heraus, dass intrinsische Mittel, wie beispielsweise die persönliche Entfaltung, erheblich länger wirken als monetäre Motivationen.[68] Diese Erkenntnis korrespondiert mit dem Ansatz der hedonistischen Adaptation, da ein finanzielles Ziel mit seiner Erreichung nicht mehr motivationswirksam ist. Im Gegensatz hierzu wirken die inneren Werte durch ihre Beständigkeit länger nach. Für eine Führungskraft kann dieses Wissen einen unschätzbaren Wert haben, wenn es ihr gelingt, entsprechende Motivationen bei den Angestellten mit einem adäquaten Führungsinstrument zu aktivieren.

In den folgenden Abschnitten werden die Instrumente zunächst beschrieben. Danach soll jedes Instrument in die Übersicht der Abb. 8 eingeordnet werden. Da zu erwarten ist, dass eine eindeutige Zuordnung zu den vier Ausprägungen nicht möglich ist, sollen an dieser Stelle zwei Skalen mit einer Bandbreite von je zehn Einheiten eingeführt werden. Die erste Skala wird dabei beurteilen, ob das jeweilige Instrument extrinsisch oder intrinsisch wirkt (Abb. 9).

Als zweite Dimension stellt Abb. 10 die individuelle Gestaltungsmöglichkeit der jeweiligen Instrumente dar. Hierbei steht die Herkunft der Führungsinstrumente im Vordergrund. Während bei einigen Instrumenten die Gestaltung und Nutzung zur Gänze im Verantwortungsbereich der Führungsperson liegen, wird es auch Instrumente geben, die vom Unternehmen bereitgestellt und von der Führungskraft lediglich genutzt werden können. Die Führungsinstrumente, die vom Unternehmen bereitgestellt werden, beinhalten in der Regel restriktive Vorgaben, die es einer Führungskraft erschweren, solche Instrumente

---

[66] Vgl. hierzu die Zwei-Faktor-Theorie von Herzberg-die fehlende Belohnung generiert Unzufriedenheit durch ein nicht erfülltes Hygienebedürfnis (Jung 2008,S. 389ff)
[67] Withauer 2011, S. 81
[68] Vgl. Harlander 1989, S. 110 abgedruckt in Jung 2008, S. 406

individuell auf seine Mitarbeiter abzustimmen. Für die Führungskraft soll dadurch eine Einschätzung möglich sein, welcher individuelle Gestaltungsrahmen zur Verfügung steht.

extrinsische Motivation	intrinsische Motivation
1 5	10

Abb. 9: Einordnung nach ex- oder intrinsischer Motivationswirkung (eigene Darstellung)

durch Unternehmen vorgegeben	durch Führungskraft gestaltet
1 5	10

Abb. 10: Einordnung nach Führungsinstrument des Unternehmens oder der Führungskraft (eigene Darstellung)

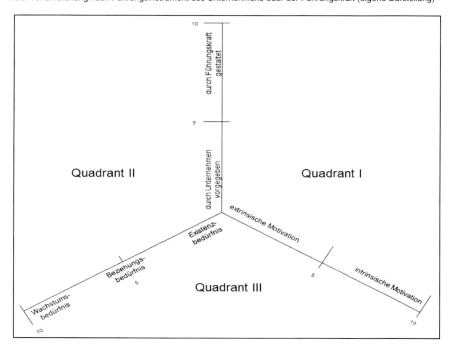

Abb. 11 Grundlage für Portfolioanalyse und grafische Analyse (Eigene Darstellung)

Am Ende dieser Arbeit werden alle besprochenen Instrumente in eine Portfolioanalyse und eine grafische Analyse eingearbeitet, um so eine schnelle Übersicht zu erlangen, welche Wirkung der Einsatz der einzelnen Führungsinstrumente hat. Hierbei wird die Portfolioanalyse ausschließlich im ersten Quadranten der Abb. 11 vorgenommen. Dieser

Quadrant wird an der Y-Dimension die Einordnung nach Führungsinstrument des Unternehmens oder der Führungskraft (Abb. 10) und an der X-Dimension die Einordnung nach ex- oder intrinsischer Motivationswirkung (Abb. 9) besitzen. In diesem Koordinatensystem soll jedes Instrument durch einen Punkt definiert werden, der sich aus der Einschätzung auf der X- und Y-Achse ergibt.

In der grafischen Analyse wird das Koordinatensystem mit der Z-Achse um die ERG-Theorie erweitert, so dass sich der zweite und dritte Quadrant in Abb. 11 ergibt. Hierdurch wird die Portfolioanalyse für jedes Führungsinstrument um die Einschätzung in Bezug auf die ERG-Theorie erweitert und die Fläche, die aus den drei Werten entsteht, analysiert. So wird eine Gesamtübersicht geschaffen, die für jedes Führungsinstrument das Verhältnis von Gestaltungsrahmen, Motivationswirkung und ERG-Theorie darstellt.

3 Beschreibung und Bewertung der Führungsinstrumente

3.1 Positive und negative Kritik

Das Wort *Kritik* ist im Allgemeinen mit einer stark negativen Konnotation belegt. Umgangssprachlich wird Kritik mit dem Aufzeigen von Fehlern und einer Aufforderung zur Bereinigung dieser in Verbindung gebracht. Das Wort *Kritik* stammt aus dem Griechischen und hat in der Übersetzung die Bedeutung von Prüfung und Beurteilung. In diesem Sinne ist Kritik vollständig wertfrei. Erst durch zusätzliche verbale und nonverbale Informationen wird die Wertigkeit der Kritik hergestellt. Dabei kann sich die Wertigkeit von Lob bis zu Tadel erstrecken.[69] Im Rahmen dieser Arbeit wird der Begriff *Feedback* synonym zu Kritik verwendet, da dieser in der Übersetzung eine Rückmeldung ist, die ebenfalls vollständig wertfrei bleibt, bis ergänzende Informationen hinzugefügt werden.

3.1.1 Ziele von Anerkennung und Kritik

Für das positive Feedback werden im Sprachgebrauch häufig Synonyme wie Lob und Anerkennung genutzt. Dabei ist es für eine Führungskraft wichtig, feine Unterschiede geltend zu machen. So genügt es häufig, einem Mitarbeiter eine Bestätigung auszudrücken, wenn er die erwartete Leistung erfüllt hat. Wird eine erwartete Leistung jedoch übertroffen, so kann dem Mitarbeiter auch Anerkennung oder gar ein Lob für besonders gute Arbeit ausgesprochen werden.[70] So kann ein Vorgesetzter seinem Mitarbeiter verdeutlichen, dass sein Verhalten und seine Leistungen der gewünschten Tendenz folgen. Analog verhält es sich mit negativer Kritik. Auch bei negativer Kritik, häufig mit Begriffen wie konstruktive Kritik oder auch Feedback umschrieben, existiert die Möglichkeit, dieses Instrument an die vorliegende Situation anzupassen. So reicht oft schon eine Korrektur aus, wenn ein Mitarbeiter eine erwartete Leistung unbewusst nicht umsetzt. Hat eine Korrektur keine Wirkung gezeigt oder arbeitet ein Mitarbeiter nachlässig, so kann ein Vorgesetzter die Leistungen beanstanden oder auch tadeln, wenn der Mitarbeiter ein widersetzendes Verhalten zeigt.[71]

Die Ziele, welche mit diesem Führungsinstrument verfolgt werden, sind die:

---

[69] Vgl. Jung 2008, S. 459
[70] Vgl. ebd. Abb. 53
[71] Vgl. ebd. Abb. 53

- bewusste Mitarbeiterbeeinflussung zur Leistungsoptimierung,
- Beseitigung von Missständen und Anerkennung guter Leistungen,
- Stärkung der Mitarbeiterzufriedenheit.

An dieser Stelle steht auch die Frage, auf welcher Grundlage die Autorität der Führungskraft beruht. Durch eine sinnvolle Nutzung von sowohl positivem als auch negativem Feedback kann das Verhältnis zwischen Vorgesetztem und Mitarbeiter massiv gestärkt werden, indem die Beteiligten gegenseitiges Verständnis und Verlässlichkeit erleben.[72] Hinzu kommt, dass die Führungskraft zeigen kann, wie wichtig ihr der einzelne Mitarbeiter ist. Sie widmet ihre Aufmerksamkeit vollständig den Leistungen ihrer Mitarbeiter und bringt dies mit Anerkennung oder auch konstruktiver Kritik zum Ausdruck. So wird eine vertrauensvolle Atmosphäre geschaffen. Auf dieser Grundlage kann die Führungsperson über ein Feedback auch das Verhalten der Mitarbeiter beeinflussen. Mit positiver Kritik zeigt sie dem Mitarbeiter auf, dass sein Verhalten und auch seine Arbeitsleistung dem gewünschten Rahmen entsprechen, was diesen in seinem Tun bestätigt. Über negative Kritik wird ihm wiederum verdeutlicht, dass Leistungen oder Verhalten nicht optimal sind. Hierbei ist es äußerst wichtig, nicht nur die Missstände aufzuzeigen, sondern im Gespräch gemeinsam eine Lösung zu erarbeiten. So wird zum einen mehr Akzeptanz für die Kritik geschaffen und zum anderen das Verhalten in gewünschter Weise beeinflusst. Der Informationsgehalt einer kritischen Anmerkung ist für den Mitarbeiter vergleichsweise gering, wenn hierbei ausschließlich auf ein Fehlverhalten hingewiesen wird, ohne einen Ausblick zu geben, wie sich sein Verhalten ändern soll. Dann besteht die Gefahr, dass sein geändertes Verhalten noch immer nicht die gewünschte Form annimmt.

So wird eine Führungskraft in die Lage versetzt, die Zufriedenheit der Mitarbeiter zu erhöhen. Wie dies geschieht, wird durch das Modell des Johari-Fensters (Abb. 12) sehr anschaulich erläutert. Dieses beschreibt mit vier Aspekten das Selbst- und Fremdbild einer Person im Zusammenhang mit interpersonellen Aktivitäten. Um eine effektive Zusammenarbeit verschiedener Personen zu gewährleisten, sollte der Quadrant der öffentlichen Person möglichst vergrößert werden. Dies ist auch für das Verhältnis zwischen Mitarbeiter und Vorgesetztem von Bedeutung, da das gegenseitige Wissen eine vertrauensvolle Arbeitsatmosphäre schafft. Bewirkt wird dies, indem positive und negative Kritik den Raum des blinden Fleckes verkleinern, da der Mitarbeiter mehr über sein Verhalten erfährt. Im Idealfall wird er gleichzeitig noch Informationen von sich preisgeben und so den Raum des Geheimnisses verkleinern, was wiederum zu einem verbesserten Arbeitsklima beiträgt.[73] So hilft die Führungskraft dem Mitarbeiter, sein Selbstbild – d. h. wie er sich selbst sieht – mit

---
[72] Vgl. Dahms 2010, S. 55
[73] Vgl. Kreuser und Robrecht 2010, S. 71ff

seinem Fremdbild – d. h. wie andere den Mitarbeiter erleben – abzugleichen. Dies ist sehr wichtig, um die eigene Wirkung auf andere und eventuell daraus resultierende Reaktionen besser zu verstehen.[74] Natürlich ist eine solche Rückmeldung nicht alleiniges Vorrecht der Führungskraft, jedoch ist es für sie die Basis der täglichen Arbeit.

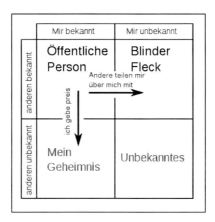

Abb. 12 Johari-Fenster in Anlehnung an Kreuser & Robrecht, 2010, S. 71

3.1.2 Kritik richtig anwenden: konstruktiv und belegbar

Diese Wirkung wird jedoch nicht allein durch Kritik selbst erreicht. Entscheidend ist dabei auch, wie diese eingesetzt wird. Es ist wichtig, dass positive und negative Kritik in einem ausgewogenen Verhältnis stehen. Führungskräfte neigen dazu, gute Verhaltensweisen als selbstverständlich anzusehen, während unerwünschtes Verhalten schnell sanktioniert wird. Dies wirkt langfristig demotivierend. Ebenso verhält es sich, wenn eine Führungskraft zu häufig lobt.[75] Dies hat zur Folge, dass sich die Wirkung des Lobes abnutzt und damit keinen motivierenden Anreiz mehr darstellt.[76] Schnell entsteht so auch beim Mitarbeiter der Eindruck, dass ein positives Feedback nur als Instrument eingesetzt wird, welches in keinem Zusammenhang zum Mitarbeiter steht. Dies kann die Glaubwürdigkeit des Feedbackgebers massiv untergraben. Aus diesem Grund ist die Belegbarkeit gegenüber dem Mitarbeiter ein weiterer wichtiger Aspekt von Kritik. Dies bedeutet, dass die Führungskraft nicht nur auf einen besonderen Umstand hinweist, sondern auch erläutert, wie sich diese Einschätzung gebildet hat. Besteht bereits ein vertrauensvolles Verhältnis zwischen Führungskraft und Mitarbeiter, wird sich der Mitarbeiter bei einer negativen Kritik diese Informationen

---

[74] Vgl. Winkler und Hofbauer 2010, S. 162
[75] Vgl. Niermeyer und Postall 2010, S. 68
[76] Vgl. ebd.

selbstständig erfragen, um so das Feedback besser einschätzen zu können. Fehlt jedoch eine solche Vertrauensbasis, sollte die Führungskraft von sich aus ihre Einschätzung mit Erläuterungen untermauern. Auch bei einer lobenden Anmerkung ist es sinnvoll, dem Mitarbeiter zu erläutern, was zu diesem Feedback geführt hat. So kann sich der Mitarbeiter sachlich mit den Argumenten seines Vorgesetzten auseinandersetzen. Damit wird einem Mitarbeiter verdeutlicht, dass sich die Führungskraft aufmerksam mit ihm beschäftigt hat.

Wie schon angemerkt, muss Kritik sachlich und konstruktiv vorgetragen werden. Hierbei ist zu beachten, dass ein Feedback nicht die Person sondern deren Verhalten aufgreift. Winkler und Hofbauer stellen dazu fest: „Feedback wird besser akzeptiert, wenn erkennbar ist, dass es nicht um Kritik an der Person, sondern um konkrete, für die Arbeit relevante Verhaltensweisen geht."[77] Diese sachliche Ebene ermöglicht es dem Mitarbeiter, ein Fehlverhalten offen mit seinem Vorgesetzten zu diskutieren, ohne dabei der Gefahr des Gesichtsverlustes ausgesetzt zu sein. So reduziert sich für ihn auch die Notwendigkeit der Rechtfertigung, und ein gemeinsames Erarbeiten eines Lösungsansatzes wird ermöglicht, um zukünftiges Fehlverhalten zu vermeiden. Wichtig ist es dabei, ein Kritikgespräch konstruktiv zu gestalten. So steht nicht das Fehlverhalten des Mitarbeiters im Vordergrund sondern ein Lösungsansatz, wie dieses beseitigt werden kann.[78] Da dieses Gespräch eine motivierende Wirkung haben soll, ist es sinnvoll, die Kritik positiv zu gestalten. An dieser Stelle sei die Prozesstheorie von Porter und Lawler erneut erwähnt, die über innere Belohnung die Zufriedenheit des Mitarbeiters herstellt. Das geschieht in diesem Fall, indem über einen gemeinsamen Lösungsansatz eine unbefriedigende Situation beseitigt wird. Weniger aufwendig ist es, bezüglich der sachlichen und konstruktiven Kritik, ein positives Feedback zu geben, da positive Anmerkungen in der Regel leichter aufgenommen werden. Doch auch hierfür sollte sich die Führungskraft die Zeit nehmen, konstruktiv zu argumentieren. Dies stärkt das positive Feedback und verdeutlicht dem Mitarbeiter, welches Verhalten weiter auszubauen ist. Außerdem wird so die Gefahr reduziert, dass ein Lob die gewünschte Motivation nicht erzeugt.

Führungskräfte sollten die Möglichkeiten zu einem Feedback, die sich im Berufsalltag ergeben, nicht unterschätzen, da der direkte Vorgesetzte zumeist einen regelmäßigen Kontakt zu seinen Mitarbeitern unterhält. „Jede Begegnung zwischen Vorgesetztem und Mitarbeiter enthält ein Feedback",[79] welches auch bewusst genutzt werden sollte. So ist eine Führungskraft nicht ausschließlich auf ein- oder zweimal jährlich stattfindende Mitarbeitergespräche angewiesen. Im täglichen Kontakt besteht die Chance für die

---
[77] Winkler und Hofbauer 2010, S. 165
[78] Vgl. Dahms 2010, S. 55
[79] Niermeyer und Postall 2010, S. 68

Führungskraft, regelmäßig eine Beurteilung der Arbeitsleistung und des Verhaltens ihrer Mitarbeiter vorzunehmen und damit ein regelmäßiges Feedback abzugeben, welches einen Orientierungsrahmen für die Mitarbeiter herstellt.

Für die positive Wirkung von Kritik ist es wichtig, dass diese zeitnah ausgeübt wird. Dies hat folgende Vorteile:

- der Mitarbeiter kann zwischen Kritik und seinem Verhalten einen direkten Bezug herstellen
- die Beeinflussung durch die Führungskraft wird weniger stark wahrgenommen, da die Lenkung der Mitarbeiter in kleineren Schritten erfolgt
- Stärkung der Präsenz der Führungskraft bei den Mitarbeitern
- Vermeidung von Kritikstau[80]

Jedoch ist es wichtig, für ein entsprechendes Feedback den passenden Rahmen zu finden. Hierbei sollte immer der Grundsatz gelten, dass negative Kritik ausschließlich im Vier-Augen-Gespräch erfolgt und nicht vor einer Gruppe. Der Grund hierfür ist, dass der Kritiknehmer im Beisein von Anderen unter einem viel höheren Druck der Rechtfertigung steht, als dies in einem Gespräch zu zweit der Fall wäre. Dies entsteht, da bei einer kritischen Anmerkung durch die Führungskraft die Gefahr des Gesichtsverlustes um ein Vielfaches höher ist, was dann zu einem Abwehr- und Rechtfertigungsverhalten führt, welches eine objektive Bewertung der Kritik und das Eingeständnis eines Fehlers erschwert.[81]

Im Gegensatz zur negativen Kritik kann es jedoch sinnvoll sein, ein Lob vor anderen Personen anzusprechen. Auf diesem Weg wird die Wertigkeit eines Lobes erhöht, da der Gelobte so im Ansehen einer Gruppe steigt. Gleichzeitig setzt die Führungskraft ein Signal an die restliche Gruppe, welches Verhalten wünschenswert ist und dass gute Leistungen belohnt werden. Hier sei erneut auf die Prozesstheorie von Porter und Lawler hingewiesen, welche auch eine Erwägungskomponente beinhaltet. Des Weiteren erfüllt die Führungskraft hiermit das Bedürfnis des Gelobten nach gesellschaftlicher Anerkennung, wie es in der ERG-Theorie von Alderfer beschrieben wird.

Zusätzlich ist es hilfreich, bei jeder Art von Kritik darauf zu achten, dass diese konstruktiv

---

[80] Kritikstau bedeutet, dass viele kleine Regelverstöße gesammelt werden und so aus vielen kleineren Problemen, welche leicht zu lösen wären, ein großes, fast unlösbares Problem wird. Das hat zur Folge, dass die Ansprache für die Führungskraft um ein Vielfaches schwerer ist und der Mitarbeiter sich im Laufe der Zeit bereits schon so stark an sein Verhalten gewöhnt hat, dass ihm eine Änderung ebenfalls viel schwerer fällt. Eine Lösung dieses Konfliktes wird für alle Beteiligten sehr viel unangenehmer, als dies bei einer stetigen Ansprache des Mitarbeiters mit kleinen Korrekturen, welche auch vom Mitarbeiter als nicht nennenswert eingestuft wird, der Fall wäre. Vgl. hierzu Dahms 2010, S. 56
[81] Vgl. Dahms 2010, S. 58

gehalten wird. Dies bedeutet, dass bereits vor einem Feedback eine Trennung der sachlichen und persönlichen Ebene erfolgt, und die geübte Kritik sich auf sachliche Fakten bezieht. Auf diese Weise wird die Rückmeldung für den Feedbacknehmer aufgrund der Fakten belegbar und kann damit besser aufgenommen werden. Er wird die Kritik weniger als einen Angriff auf seine Person werten und kann so die präsentierten Fakten objektiver bewerten und entscheiden, wie stark er das gegebene Feedback umsetzt.[82] Auf diese Weise wird auch das Ziel im Modell des Johari-Fensters unterstützt, möglichst den Quadranten der öffentlichen Person zu vergrößern. Dies geschieht, indem durch das Feedback der Quadrant des blinden Fleckes beim Feedbackgeber reduziert wird.[83] Gleichzeitig wird auch der Quadrant der öffentlichen Person des Feedbackgebers im Johari-Fenster vergrößert, da er eigene Geheimnisse veröffentlicht.[84] Dabei ist es empfehlenswert, in der Ichform zu argumentieren.[85] Dies verdeutlicht dem Feedbacknehmer, dass die Kritikpunkte aus einer eigenen Beurteilung des Vorgesetzten entstanden sind, was wiederum eine persönliche Gesprächsatmosphäre unterstützt und so eine bessere Beziehung zwischen Vorgesetztem und Mitarbeiter schafft.

Zusammenfassend soll an dieser Stelle eine Übersicht der wichtigsten Eigenschaften einer wirksamen Kritik helfen, im Arbeitsalltag dieses Führungsinstrument einzusetzen. Sowohl für positive als auch negative Kritik haben folgende Kriterien zu gelten:

- konstruktiv
- sachbezogen
- belegbar
- zeitnah
- Ichform
- zum Anliegen passendes Umfeld

Zusätzlich sollte sich eine Führungskraft der Gefahren bewusst sein, die sich bei einer zu häufigen oder zu geringen Nutzung dieses Instrumentes ergeben. Wird negative Kritik zu selten genutzt, verliert die Führungskraft die Fähigkeit, mit kleinen Eingriffen eine gezielte Verhaltensbeeinflussung vorzunehmen. Der Kritikstau ist hierfür beispielhaft. Bei mangelnder positiver Kritik besteht die Gefahr, dass der Mitarbeiter keinen motivierenden Anreiz erhält, um sein bisheriges Leistungsniveau beizubehalten oder noch auszubauen. Für negative Kritik gilt im Allgemeinen, dass ein Fehlverhalten zeitnah angesprochen werden sollte. Jedoch benötigt ein Mitarbeiter nach einem Feedback eine angemessene Zeit, um sein

---

[82] Vgl. Winkler und Hofbauer 2010, S. 165
[83] Vgl. Kreuser und Robrecht 2010, S. 73f
[84] Vgl. ebd.
[85] Vgl. Winkler und Hofbauer 2010, S. 166

Verhalten ändern zu können. Dieser Zeitraum kann durch die Führungskraft in Abhängigkeit davon, wie gravierend die Fehlleistung war, gewählt werden. Bei einem zu häufigen Ansprechen besteht die Gefahr, dass sich bei dem Mitarbeiter ein Gefühl der Überwachung einstellt und er sich den Argumenten seiner Führungskraft verschließt. Eine weitere Gefahr besteht in zu häufigem Loben. „Mitarbeiter können sehr wohl entscheiden, ob nur die Schulterklopf-Maschine angeschmissen wird, oder ob das Lob berechtigt und ernst gemeint ist."[86] So verliert inflationär angewandtes Lob an Bedeutung und wird zu einer hohlen Phrase, welche vom Mitarbeiter nicht mehr ernst genommen wird und keine Belohnung darstellt.

3.1.3 Bewertung der positiven und negativen Kritik

Abschließend steht zum Führungsinstrument Kritik noch eine Einschätzung bezüglich der Portfolio- und grafischen Analyse aus. Nach der Theorie von Porter und Lawler hat die Führungskraft über Kritik drei Ansatzpunkte, an der eine Verhaltensbeeinflussung erfolgversprechend ist und die Rollenwahrnehmung verändert wird. Hierbei wirken insbesondere die im Zusammenhang mit dem Johari-Fenster beschriebenen Möglichkeiten von Kritik. Indem der Mitarbeiter ein Feedback zu seinem Verhalten erhält, verändert sich sein eigenes Fremdbild. So kann er seine Fähigkeiten und Defizite besser einschätzen und dieses Wissen zur Verbesserung der eigenen Leistung nutzen. Der zweite Ansatzpunkt besteht in der Steigerung der Erfolgswahrscheinlichkeit, eine gewünschte Belohnung zu erhalten. Dies geschieht mit Hilfe von Kritik, die den Mitarbeiter auf eine notwendige Korrektur hinweist. Mit diesem Wissen kann der Mitarbeiter sein Verhalten anpassen, um die Wahrscheinlichkeit auf eine Belohnung zu erhöhen. Der dritte Ansatzpunkt ist die Schaffung der Belohnung selbst in Form eines Feedbacks. Die Belohnung besteht an dieser Stelle in den meisten Fällen aus Anerkennung und Lob für gute Leistungen. Jedoch kann auch eine negative Kritik als Belohnung aufgefasst werden, wenn diese so formuliert wird, dass der Mitarbeiter daraus neues Wissen und neue Fähigkeiten generieren kann.

Diese Generierung von Belohnung ist auch für die Einschätzung der Frage interessant, ob durch Kritik beim Mitarbeiter eine extrinsische oder intrinsische Motivation geschaffen wird. Über das Mittel des Feedbacks wird für den Mitarbeiter kein äußerer Anreiz geschaffen, der ihn motiviert, ein bestimmtes Ziel zu erreichen, vielmehr spielt die Führungskraft hierbei auf die inneren Werte des Mitarbeiters an und zeigt ihm Wege auf, um gesteckte Ziele zu erreichen. Somit ordnet sich das Führungsinstrument Kritik auf der Skala der Abb. 9 im

---

[86] Kreuser und Robrecht 2010, S. 168

äußeren Bereich der intrinsischen Motivation ein und wird im Bereich von neun bis zehn der graphischen Analyse abgetragen.

Der zweite Wert dieser Analyse beurteilt, durch wen das Führungsinstrument hauptsächlich beeinflusst und gestaltet wird. In Bezug auf Kritik stehen dem Unternehmen nur wenige Mittel zur direkten Gestaltung des Instrumentes zur Verfügung. Durch die Unternehmensleitung kann eine der konstruktiven Kritik zuträgliche Kultur offener Kommunikation gefördert werden. Zusätzlich ist es hilfreich, die Führungskräfte der unteren Leitungsebenen gezielt hinsichtlich konstruktiver Kritik zu schulen. Die hauptsächliche Gestaltungsarbeit liegt jedoch bei den jeweiligen Führungskräften. Hierfür ist ein erhebliches Maß an Feinfühligkeit der Führungskraft nötig, um dieses Instrument auf die individuellen Bedürfnisse der Mitarbeiter anpassen zu können. Einer Führungskraft sollte in diesem Zusammenhang bewusst sein, dass sie nicht bei jedem Menschen die gleiche Reaktion auf Kritik erleben wird. So ist es ihre Aufgabe, eine Kultur des offenen Feedbacks zu schaffen und zu leben. Dies macht das Instrument der Kritik zu einem sehr individuellen, welches zum größten Teil durch die Führungskraft selbst gestaltet wird. Somit wird sich Kritik auf der Skala in Abb. 10 im äußeren Bereich der Gestaltung durch die Führungskraft mit einem Wert von neun einordnen.

Eingehend auf die Wirkung von Kritik in Bezug auf die ERG-Theorie hat Alderfer in seiner Motivationstheorie insgesamt drei Grundbedürfnisse definiert, deren Befriedigung den Menschen motiviert. Hierbei werden über Kritik insbesondere die Beziehungsbedürfnisse angesprochen. Dies erklärt sich aus der bereits besprochenen Wirkung von Kritik im Zusammenhang mit dem Johari-Fenster. Mit Hilfe dieses Instrumentes erfährt der Betroffene mehr über die Wirkung seines Verhaltens auf weitere Personen, was dazu führt, dass er mögliche Reaktionen seiner Mitmenschen besser einschätzen kann. So entsteht die Möglichkeit, die zwischenmenschlichen Beziehungen in einer Mitarbeitergruppe zu verbessern. Aus diesem Grund werden über Kritik die Beziehungsbedürfnisse einer Person angesprochen und so auch Motivationen geschaffen, mögliche Defizite in diesem Bereich zu beseitigen.

Zusammenfassend kann Kritik als ein stark durch die Führungskraft geprägtes Instrument beschrieben werden, welches eine intrinsische Wirkung besitzt, und auf die Beziehungsbedürfnisse des Mitarbeiters ausgerichtet ist. Gleichzeitig ist es eines der wichtigsten Instrumente einer Führungskraft, da es im täglichen Umgang mit ihren Mitarbeitern beträchtliche Wirkung auf das im Betrieb herrschende Arbeitsklima hat. Mit gezieltem Engagement kann die Führungskraft so eine für den Mitarbeiter angenehme Arbeitsatmosphäre schaffen, die die Mitarbeiterzufriedenheit steigert und damit ein produktiveres Arbeiten unterstützt.

3.2 Mitarbeitergespräch

Neben dem Führungsinstrument der Kritik ist das Mitarbeitergespräch eine weitere tragende Säule, um die Mitarbeiterführung erfolgreich zu gestalten. Hierbei handelt es sich um ein Instrument, welches in der Literatur mit einer Vielzahl verschiedener Begriffe umschrieben wird. Diese Begriffe orientieren sich dabei häufig am konkreten Anlass des jeweiligen Gespräches.[87]

Die vorliegende Arbeit definiert das Mitarbeitergespräch als Gelegenheit, einen Dialog zwischen Führungskraft und Mitarbeiter zu schaffen,[88] in welchem beide Gesprächsparteien Raum für Rückmeldungen erhalten. Je nach Anlass und Thema des Gespräches sollte ein Zeitraum von dreißig bis neunzig Minuten für ein solches Gespräch vorgesehen werden, um die Möglichkeit zu schaffen, ohne Zeitnot alle wichtigen Themen besprechen zu können. Dabei ist es die Aufgabe der Führungskraft, das Themengebiet des Gespräches so einzugrenzen, dass der zeitliche Rahmen ausreichend ist. Ebenso wichtig ist es, neben der zeitlichen Komponente, einen geeigneten Ort zu finden. Hierbei kommt es vor allem darauf an, dass das Gespräch in einer störungsfreien, ruhigen Atmosphäre stattfinden kann. In Unternehmen mit Großraumbüros ist ein separater Beratungsraum daher eine sinnvolle Wahl. Eine weitere grundlegende Anforderung an ein Mitarbeitergespräch liegt im Ausschluss der Öffentlichkeit. Es wird sich demnach in der Regel um ein Vier-Augen-Gespräch handeln. In Ausnahmefällen kann jedoch die Notwendigkeit bestehen, weitere Gesprächsteilnehmer, wie den nächst höheren Vorgesetzten, einen Vertreter der Personalabteilung oder ein Mitglied der Arbeitnehmervertretung zu einem Mitarbeitergespräch hinzuzuziehen. Des Weiteren sollten ein Mitarbeitergespräch und das zu besprechende Thema immer angekündigt werden, damit sich alle Gesprächsteilnehmer darauf vorbereiten können,[89] was sich bei kritischen Themen sehr positiv auf den Verlauf des Gespräches auswirken kann, da der Mitarbeiter im Vorfeld einen eigenen Standpunkt für sich festlegen kann und auf diese Weise eine sachliche und objektive Gesprächsführung unterstützt wird.

Im Wesentlichen kann das Mitarbeitergespräch in zwei Arten unterteilt werden, das:[90]

- institutionalisierte Mitarbeitergespräch und
- anlassbezogene Mitarbeitergespräch.

Da diese Art der Kommunikation zwischen Mitarbeiter und Führungskraft mit einen enormen

---

[87] Vgl. hierzu Tabelle 1 aus Hossiep, Bittner und Berndt 2008, S. 3
[88] Vgl. Hossiep, Bittner und Berndt 2008, S. 4
[89] Vgl. Ryschka, Solga und Mattenklott 2008, S. 63
[90] Vgl. Winkler und Hofbauer 2010, S. 3

Zeitaufwand verbunden ist, ist es ebenfalls sehr wichtig, das Ziel eines solchen Gespräches genauer zu beschreiben. Die folgenden Punkte sind typische Zielsetzungen, die mit einem Mitarbeitergespräch erreicht werden sollen:[91]

- konkrete Leistungen und Arbeitsergebnisse erörtern und gemeinsam Schlüsse daraus ziehen
- Optimierung der Leistung und Zusammenarbeit
- gegenseitiges Feedback zu Themen der Führung und Zusammenarbeit
- Verbesserung der Kommunikation und Information untereinander
- Handlungs- und Entscheidungsspielräume definieren
- Unterstützung zum eigenverantwortlichen Handeln des Mitarbeiters schaffen
- gezielte und planmäßige Förderung des Mitarbeiters
- Vereinbarung zur weiteren Zusammenarbeit treffen
- Beziehungspflege zwischen Führungskraft und Mitarbeiter
- Raum für positive und besonders für negative Kritik schaffen

An dieser Stelle soll nochmals an das bereits beschriebene Führungsinstrument der Kritik erinnert werden, bei dem besonders negative Kritik dem Grundsatz folgen sollte, ausschließlich in einem Vier-Augen-Gespräch stattzufinden.

3.2.1 Institutionalisiertes oder formalisiertes Mitarbeitergespräch

Im Gegensatz zu Kritik ist das Mitarbeitergespräch ein Instrument, welches nicht im täglichen Umgang genutzt wird. Die Führungskraft kann im Gespräch dezidiert Schwerpunkte setzen, die auf eine langfristigere Verhaltensbeeinflussung der Mitarbeiter angelegt sind, wenn ein solches Gespräch in längeren regelmäßigen Abständen stattfindet. Der Turnus ist abhängig von der Form des jeweiligen Gespräches.

Zunächst sollen die Unterschiede beider Gesprächsformen betrachtet werden. Das institutionalisierte Mitarbeitergespräch ist ein vom Unternehmen implementiertes Instrument, welches in einem festgelegten Turnus, in der Regel ein- bis zweimal im Jahr, terminiert wird. Es handelt sich dabei um „geplante und inhaltlich vorbereitete Gespräche zwischen Mitarbeiter und Vorgesetztem",[92] die auf langfristige vergangenheits- oder zukunftsorientierte Themen ausgelegt sind. Inhalt dieser Gespräche können beispielsweise Ziel- und Bonifikationsvereinbarungen, Personalentwicklungsmöglichkeiten, Zwischenfeedbacks,

---
[91] Vgl. Lorenz und Rohrschneider 2008, S. 136
[92] Winkler und Hofbauer 2010, S. 3

Beurteilungen des Mitarbeiters oder eine jährliche Gehaltsverhandlung sein. Die Natur dieser institutionalisierten Gespräche ist in Inhalt und Struktur in hohem Maße vom Unternehmen festgelegt, so dass der Führungskraft hierbei ein geringer Spielraum zur Verfügung steht. Dieser zeigt sich in ihrer persönlichen Einschätzung der Leistungen und Entwicklungen des Mitarbeiters.

Anders verhält es sich bei anlassbezogenen Mitarbeitergesprächen, deren Notwendigkeit aus durch die Führungskraft beobachtetem Verhalten des Mitarbeiters entsteht. Wie schon beim Instrument Kritik erwähnt, sind besonders negativ zu bewertende Kritikpunkte an einem Mitarbeiter in einem abgegrenzten Gespräch unter vier Augen anzusprechen.[93] Ein Mitarbeitergespräch ist ebenfalls dringend angezeigt, wenn besondere Umstände im Privatleben des Mitarbeiters Einfluss auf berufliche Leistungen haben. Dies ermöglicht der Führungskraft, dem Mitarbeiter in einer vom Berufsalltag abgeschirmten Atmosphäre, Unterstützung und Hilfe anzubieten und so auch das Verhältnis zwischen Vorgesetztem und Mitarbeiter zu stärken und eine Vertrauensbasis auf- bzw. auszubauen.[94] Weitere Gründe, die zu einem außerordentlichen Gespräch führen können, sind aufgabenbezogen, beispielsweise, wenn die Führungskraft die Notwendigkeit sieht, in eine besondere, dem Mitarbeiter übertragene Aufgabe korrigierend oder unterstützend einzugreifen.[95] Zusätzlich können organisatorische Anlässe, wie Versetzung, oder arbeitsrechtliche Maßnahmen, wie Abmahnung und Kündigung, zu einem Mitarbeitergespräch führen.[96] Die Nutzung und Gestaltung dieser Art des Gespräches ermöglicht der Führungskraft, im Gegensatz zum institutionalisierten Mitarbeitergespräch, einen sehr hohen Grad der Gestaltungfreiheit, da es individuell an die konkrete Situation und den Mitarbeiter angepasst werden muss.

Im Rahmen der praktischen Führungsarbeit sollte keine strikte Trennung der beiden Formen des Mitarbeitergespräches vollzogen werden. Beide Formen ergänzen einander, indem das institutionalisierte Gespräch eine richtungsweisende Funktion einnimmt und das anlassbezogene als ein Korrekturwerkzeug genutzt werden kann.[97] Abschließend sei noch erwähnt, dass das Führungsinstrument des Mitarbeitergespräches nicht ausschließlich durch die Führungskraft initiiert werden muss. Besonders im Zusammenhang mit einem anlassbezogenen Gespräch kann die Initiative auch von Seiten der Mitarbeiter ausgehen. Insbesondere bei einer gut gepflegten Kultur der offenen Kommunikation und einem entsprechend vertrauensvollen Arbeitsklima kann dies zu einem starken Führungsmittel werden.

---

[93] Vgl. Winkler und Hofbauer 2010, S. 17
[94] Vgl. ebd.
[95] Vgl. ebd.
[96] Vgl. ebd.
[97] Vgl. Winkler und Hofbauer 2010, S. 4f inkl. Tabelle 1.1

3.2.2 Aufbau und Nutzen eines Mitarbeitergespräches

Das Mitarbeitergespräch verfolgt ebenfalls die im Konzept des Zürcher Ansatzes beschriebene gezielte Verhaltensbeeinflussung. Hierbei ist jedoch wichtig, dass diese nicht als eine reine Manipulation des Mitarbeiters stattfindet, da dies eine sehr demotivierende Wirkung hat.[98] Insgesamt sollte ein Mitarbeitergespräch dem Grundsatz des gemeinsamen Verständnisses folgen und eine Abstimmung der Ziele und Vorstellungen des Unternehmens und des Mitarbeiters erreichen. Dieses, sicher sehr ambitionierte, Ziel, kann durch eine gut strukturierte Gestaltung des Führungsinstrumentes begünstigt werden. Das gilt insbesondere, wenn die folgenden Regeln kontinuierlich angewandt werden und so ein Grundvertrauen der Mitarbeiter in das Mitarbeitergespräch entsteht.

Zunächst ist es, wie schon beschrieben, sinnvoll, ein anstehendes Gespräch stets anzukündigen. Dieser Grundsatz ist bei einem jährlich wiederkehrenden Gespräch leichter umzusetzen als bei tagesaktuellen Themen. Jedoch ist auch bereits eine Vorankündigung von einem Tag hilfreich für den Gesprächspartner, um sich auf das bevorstehende Gespräch einzustellen. Hier sollte eine Führungskraft nicht vergessen, dass sie sich bei Ankündigung des Gespräches meist schon einige Zeit über das zu besprechende Thema Gedanken gemacht hat. Diese Chance sollte auch der betreffende Mitarbeiter erhalten, um der Gefahr zu begegnen, dass er sich sachlichen Argumenten gegenüber verschließt. Aus diesem Grund sollte gleichzeitig mit der Terminierung auch das Thema des Gespräches festgelegt werden.[99]

Mit der Wahl des Gesprächsthemas ist ebenfalls die Zielsetzung des Gespräches verbunden. Die Führungskraft sollte sich bereits vor Beginn intensiv mit dieser auseinandersetzen. Erst wenn sie sich darüber im Klaren ist, ist eine Führung des Mitarbeiters zu diesem determinierten Ziel im Gespräch möglich. Dabei sollte es nicht die Maxime der Führungskraft sein, mit allen Mitteln dieses gesteckte Ziel zu erreichen, sondern vielmehr eine gemeinsame Lösung zu erarbeiten. So wird die Führungskraft auch dem Anspruch gerecht, eine Kongruenz zwischen unternehmerischen und persönlichen Zielen des Mitarbeiters herzustellen, denn „Wer führen will – und nicht herrschen – muss Menschen achten, mögen, schützen, respektieren und sie so nehmen, wie sie sind[…]. Menschen lassen sich nicht verwalten oder managen, sondern nur führen."[100], so der Geschäftsführer der Akademie für Führungskräfte der Wirtschaft, Daniel F. Pinnow. Eine klare und offene Kommunikation der gesteckten Ziele unterstützt eine vertrauensvolle Gesprächsatmosphäre und schafft eine Grundlage, den Mitarbeiter zu dem gewünschten Ziel hinzuführen. Das gilt

---
[98] Vgl. Hossiep, Bittner und Berndt 2008, S. 9
[99] Vgl. Niermeyer und Postall 2010, S. 132
[100] Pinnow 2009, S. 245

insbesondere, wenn schwierige Themen angesprochen werden müssen. An dieser Stelle steht das Mitarbeitergespräch in einem engen Zusammenhang zu dem Führungsinstrument der Kritik. Hier wurde schon die Notwendigkeit erwähnt, auftretende Probleme möglichst zeitnah zu thematisieren. Das erleichtert eine klare Ansprache selbiger, da dann kritische Themen noch mit wenig Aufwand bereinigt werden können. Diese Klarheit in der Kommunikation bedeutet ebenfalls, dass bei negativer Kritik das Gespräch nicht mit einem Lob beginnen sollte, da dies eine beschwichtigende und manipulative Wirkung haben kann.[101] Im weiteren Gesprächsverlauf kann ein Wort der Anerkennung bisheriger Leistungen jedoch durchaus hilfreich sein, sofern dies im individuellen Fall angebracht ist. Bei anders gelagerten Themen, welche keine negative Kritik beinhalten, sind Anerkennung und Lob durchaus ein probates und auch notwendiges Mittel, um motivierend auf den Mitarbeiter einzuwirken.

Die angesprochene Klarheit eines Gespräches wird ebenfalls durch eine Gesprächsstruktur seitens der Führungskraft unterstützt. Solch eine Struktur hilft der Führungskraft, das Wesentliche des Gespräches nicht aus den Augen zu verlieren und bei Abweichungen vom Thema korrigierend und lenkend einzugreifen. Diese Struktur schafft auch aus Sicht des Mitarbeiters eine ruhigere Gesprächsatmosphäre und unterstützt eine zielorientierte Gesprächsführung. Eine solche Gesprächsstruktur verbirgt sich hinter BAUPUK und hat folgende Bedeutung:[102]

- **B**egrüßung

- **A**nlass

- **U**rsachenforschung

- **P**roblembehandlung

- **U**msetzung

- **K**ontrolle

Ein weiterer Aspekt eines Mitarbeitergespräches besteht für die Führungskraft darin, in einen offenen Dialog mit dem Mitarbeiter zu treten. Obgleich der Führungskraft die Gesprächsführung zusteht, da meist sie das Gespräch initiiert und hierarchisch über dem Mitarbeiter steht, sollte im Gespräch kein Monolog der Führungskraft entstehen. Dies würde

---

[101] Vgl. Dahms 2010, S. 65
[102] Diese Gesprächsstruktur hat sich aus der betrieblichen Praxis und aus Personalentwicklungsmaßnahmen eines großen deutschen Unternehmens entwickelt. BAUPUK dient als eine gedankliche Unterstützung, die es ermöglicht, ein Gespräch strukturiert zu führen

die Möglichkeit einer gemeinsamen Lösungs- oder Zielerarbeitung verwirken, da der Mitarbeiter seine Gedanken und Vorstellungen nicht einbringen kann. Es empfiehlt sich, einen non-direktiven Gesprächsstil zu wählen. Hierfür nimmt sich der Vorgesetzte im Gespräch stark zurück und fordert vom Mitarbeiter, durch geeignete Gesprächstechniken, eine aktive Rolle am Gespräch ein. Gesprächstechniken, die dies unterstützen sind aktives Zuhören, Ich-Botschaften und eine offene Fragestellung. Insbesondere durch Varianten des aktiven Zuhörens, wie Verbalisieren und Zusammenfassen von Äußerungen des Mitarbeiters oder konkretisierendem Nachfragen, kann der Vorgesetzte das Gespräch lenken, ohne dabei unnötigen Druck auf den Mitarbeiter auszuüben.[103] Gleichzeitig können offene Fragestellungen, die den Mitarbeiter animieren, umfangreich zu antworten, zur Lenkung des Gespräches eingesetzt werden. Der Vorteil dieser Gesprächstechnik liegt in der starken Partizipation des Mitarbeiters am Gesprächsergebnis. Da er dieses oder auch die Vereinbarungen aus dem Gespräch selbst mitgestaltet hat, steigt die Akzeptanz und auch die Motivation zur erfolgreichen Umsetzung des Ergebnisses beträchtlich. Hier korrespondiert das Instrument mit der ERG-Theorie von Alderfer, nach der Motivation aus dem Bedürfnis der Selbstverwirklichung entsteht (vgl. hierzu Abb. 4), welche durch die aktive Gesprächsteilnahme ermöglicht wird.

Abschließend sei noch auf einige formale Aspekte eines Mitarbeitergespräches hingewiesen. Schon bei der Einladung zu einem Mitarbeitergespräch besteht die Wahl, ob diese persönlich durch den Vorgesetzten, in Form einer E-Mail, über Dritte oder per Telefon erfolgt. Mit diesem Verhalten verdeutlicht die Führungskraft den Stellenwert des Gespräches. Ein weiterer Punkt ist die Frage, wo das Gespräch stattfinden wird. In bestimmten Fällen empfiehlt es sich, das Mitarbeitergespräch nicht im Büro des Vorgesetzten zu terminieren, da dieses eine gewisse Machtdemonstration des Vorgesetzten darstellt, auch wenn dies so nicht gewollt ist. Zusätzlich sollte die Führungskraft noch vor Beginn des Gespräches klarstellen, ob und in welcher Form das Gesprächsergebnis protokolliert wird. Dies ist bei institutionalisierten Mitarbeitergesprächen häufig schon aus vergangenen Gesprächen bekannt. Bei anlassbezogenen Gesprächen sollte dieses Vorgehen jedoch vorab klar mit dem Mitarbeiter abgestimmt werden.

Die bis hierhin erörterten Grundlagen des Mitarbeitergespräches veranschaulichen den hohen zeitlichen Aufwand dieses Instrumentes. Um ein Mitarbeitergespräch erfolgreich durchzuführen, ist es für die Führungskraft zwingend notwendig, im Vorfeld eine umfangreiche Vorbereitung durchzuführen. Dies trifft auch auf die Nachbereitung eines solchen Gespräches zu, da einerseits, sofern dies notwendig ist, ein Protokoll anzufertigen

---

[103] Vgl. Hossiep, Bittner und Berndt 2008, S. 22ff

ist, und andererseits getroffene Vereinbarungen umgesetzt werden müssen bzw. eine Kontrolle dieser notwendig ist. So ergibt sich für die Führungskraft ein Arbeitsaufwand, der leicht mehrere Stunden umfassen kann. Dies soll an einem Zahlenbeispiel verdeutlicht werden. Bei einer Führungskraft, die durchschnittlich fünfzehn Mitarbeiter betreut und mit jedem Mitarbeiter ein Gespräch führen möchte, entsteht bei einem Zeitaufwand von ca. vier Stunden je Gespräch ein Arbeitsaufwand von sechzig Stunden, obgleich dies für das Unternehmen und die Mitarbeiter einen großen Nutzen birgt. Mit diesem Kommunikationsmittel wird aus Sicht der Mitarbeiter Arbeitszufriedenheit, Vertrauen, Motivation und Zielorientierung gestärkt.[104] Diese Wirkung wird jedoch nur von längerer Dauer sein, wenn die Ergebnisse aus dem Gespräch konsequent umgesetzt werden. Das bedeutet für die Führungskraft, dass sie Leistungszusagen des Mitarbeiters einfordert, Vereinbarungen einhält sowie Anregungen und Ideen des Mitarbeiters im Gespräch positiv aufnimmt und eine Umsetzung dieser ernsthaft in Erwägung zieht.

Gelingt es der Führungskraft, die Mitarbeitergespräche optimal umzusetzen, entsteht auch für das Unternehmen ein nicht zu unterschätzender Mehrwert. Mit diesem Instrument wird es dem Unternehmen ermöglicht, über den Weg des Arbeitsklimas und der offenen Kommunikation die Produktivität und Qualität der Leistungen der Mitarbeiter zu steigern. Diese innerbetrieblichen Verbesserungen wirken sich schließlich auch verbessernd auf die Kundenzufriedenheit aus. Zusätzlich existieren Beobachtungen, wonach auch Fehlzeiten von Mitarbeitern durch dieses Instrument reduziert werden können.[105] „Deshalb ist das Mitarbeitergespräch die Königsdisziplin einer positiven Führung. [...] Dieser Dialog ist die Chance schlechthin, ein gutes Arbeitsklima zu schaffen, Irritationen zu beseitigen und Vertrauen aufzubauen. Schließlich bündelt dieser Dialog die gegenseitigen Erfahrungen."[106] Da das Unternehmen über die Mitarbeiterzufriedenheit letztlich die Kundenzufriedenheit steuern und verbessern möchte,[107] ist eine Investition von Arbeitszeit und finanziellen Mitteln in dieses Führungsinstrument sinnvoll.

3.2.3 Bewertung des Mitarbeitergespräches

Das Mitarbeitergespräch kann, ebenso wie Kritik, dazu dienen, im Sinne des Johari-Fensters den Quadranten der öffentlichen Person zu vergrößern. Dies ermöglicht der Führungskraft, positiv auf das Arbeitsklima und damit auch auf die Zufriedenheit der Mitarbeiter einzuwirken.

---

[104] Vgl. Kreuser und Robrecht 2010, S. 168
[105] Vgl. ebd.
[106] Kienbaum 2003
[107] Vgl. Stock-Homburg 2009, 194

Diese Option steht der Führungskraft im Rahmen dieses Instrumentes immer dann zur Verfügung, wenn sie Beobachtungen des Mitarbeiters auf eine Weise transportiert, die es ihm ermöglicht die Anmerkungen seines Vorgesetzten nachzuvollziehen.

Die Wirkung des Mitarbeitergespräches, wie sie durch das Johari-Fenster beschrieben wird, ermöglicht es der Führungskraft, dieses Instrument in Bezug auf die Prozesstheorie von Porter und Lawler einzuordnen. Analog dem Führungsinstrument Kritik verbessert das Mitarbeitergespräch das Selbst- und Fremdbild des Mitarbeiters. Aufgrund dessen kann dieses Gespräch bezüglich des Rückkopplungsmodells nach Porter und Lawler an den drei Ansatzpunkten Rollenwahrnehmung, Erfolgswahrscheinlichkeit und Belohnung eine gezielte Verhaltensbeeinflussung bewirken. Für die Verbesserung der Rollenwahrnehmung wirken beim Mitarbeitergespräch die gleichen Mechanismen, die bereits im Zusammenhang mit dem Führungsinstrument Kritik beschrieben wurden. Anders verhält es sich in Bezug auf die Steigerung der Erfolgswahrscheinlichkeit, eine gewünschte Belohnung zu erhalten. Aufgrund des hohen Zeitaufwandes eignet sich das Mitarbeitergespräch als ein Instrument der stetigen Korrektur, wobei es für die Führungskraft wichtig ist, deutliche, klare und vorab bestimmte Akzente zu setzen, um dem Mitarbeiter einen Eindruck davon zu vermitteln, was von ihm erwartet wird. Als letzter Ansatz besteht für den Vorgesetzten noch die belohnende Wirkung des Gespräches, um eine gewünschte Verhaltensbeeinflussung zu erzielen. Hierbei wird ein Mitarbeitergespräch in den meisten Fällen eine stark intrinsische Wirkung aufweisen, da es in der Hauptsache den Mitarbeiter selbst in den Mittelpunkt stellt. Dabei wird in erster Linie eine Wertschätzung des Mitarbeiters vordergründig sein, im besten Fall auch das Wachstumsbedürfnis. Jedoch muss es an dieser Stelle vom Instrument der Kritik differenziert werden, da im Rahmen eines Mitarbeitergespräches, besonders bei institutionalisierten Gesprächen, durchaus auch Gehalts- und Bonifikationsthemen auf der Tagesordnung stehen können. Hiermit wird über den Weg der extrinsischen Motivation für den Mitarbeiter eine monetäre Belohnung geschaffen.

Hieraus schlussfolgernd ordnet sich das Instrument des Mitarbeitergespräches in Bezug auf die Motivationswirkung nach Abb. 9 bei einem Wert von acht ein. Dies bringt die Tatsache zum Ausdruck, dass der Hauptanteil der Mitarbeitergespräche eine intrinsische Wirkung hat, jedoch auch pekuniäre Aspekte nicht gänzlich außer Acht gelassen werden können. Allerdings ist in diesem Zusammenhang zu fragen, wie hoch der Einfluss einer direkten Führungskraft auf diese Aspekte ist. Besonders im Lichte des Zieles einer kosteneffektiven Arbeitsweise werden Zwänge durch Budgetierung den Gestaltungsrahmen einer Führungskraft stark einschränken.

Für die Einschätzung, inwieweit das Mitarbeitergespräch durch die Führungskraft gestaltet werden kann, ist die Budgetierung ein Aspekt. Ein weiterer findet sich in den verschiedenen

Formen des Mitarbeitergespräches. So sind die institutionalisierten Gespräche in der Regel eine Vorgabe des Unternehmens und meist auch in Form und Struktur stark durch diese bestimmt. Das hat bei der Schaffung einer offenen Kommunikationskultur Vorteile, da durch die vorgegebene Struktur für alle Beteiligten eine Verbindlichkeit entsteht, die für eine ehrliche und offene Kommunikation zwischen Mitarbeiter und Vorgesetztem hilfreich ist. Ferner schränkt es die Führungskraft jedoch ein, dieses Instrument, zumindest in seiner institutionalisierten Form, individuell auf den Mitarbeiter und die Situation anzupassen. Dieser Einschränkung unterliegt die Führungskraft bei einem anlassbezogenen Mitarbeitergespräch dagegen nicht. Hierbei steht ihr ein größerer Gestaltungsrahmen in Bezug auf Situation, Häufigkeit und Individualität zur Verfügung, da anlassbezogene Mitarbeitergespräche meist aus den Beobachtungen der Führungskraft resultieren. Für die Einschätzung des Führungsinstrumentes nach der Gestaltbarkeit durch die Führungskraft, wie dies Abb. 10 vorsieht, ordnet sich das Mitarbeitergespräch bei sieben bis acht ein. Dies resultiert aus der Tatsache, dass die anlassbezogenen Gespräche im Idealfall häufiger als ein- oder zweimal im Jahr stattfinden und so ein höheres Gewicht erhalten.

In Bezug auf die Motivationstheorie von Alderfer kann die Führungskraft mit dem Mitarbeitergespräch auf die Beziehungs- und Wachstumsbedürfnisse des Mitarbeiters eingehen. Dies geschieht hinsichtlich der Beziehungsbedürfnisse, indem der Mitarbeiter eine Wertschätzung durch seinen Vorgesetzten erfährt. Dabei generieren nicht nur Lob und Anerkennung diese Wertschätzung. Auch bei kritischen Themen wird der Mitarbeiter das Gespräch als wertschätzend empfinden, wenn die Führungskraft trotz eines Fehlverhaltens des Mitarbeiters einen respektvollen Umgang mit ihm pflegt. Dieser wird durch die eingesetzte Arbeitszeit und die empfohlene Gesprächsführung bewirkt. Des Weiteren kann über das Mitarbeitergespräch das Bedürfnis der Selbstverwirklichung befriedigt werden, indem Ideen und kritische Anmerkungen des Mitarbeiters aus dem Gespräch einen Weg in die betriebliche Realität finden. Dadurch ergeben sich aus dem Blickwinkel der Motivationsentstehung die zwei Punkte Beziehungs- und Wachstumsbedürfnisse, zwischen denen sich das Instrument in Abb. 11 im zweiten Quadranten einordnet. Hierbei kann die Befriedigungsprogression derart genutzt werden, durch Wertschätzung den Mitarbeiter zu motivieren, innovative Ideen zu entwickeln.

Zusammenfassend kann das Mitarbeitergespräch als ein Instrument beschrieben werden, welches eine relativ starke intrinsische Wirkung hat und auch der Führungskraft einen großen Gestaltungrahmen bietet. Jedoch hat dieses Instrument, im Gegensatz zu Kritik, weitergehende Aspekte, welche zum einen eine extrinsische Motivationswirkung haben und zum anderen das Instrument mehr in der Gestaltung durch die Führungskraft einschränken, als dies bei Kritik der Fall ist. Diese Umstände vermindern jedoch nicht die Bedeutsamkeit des Mitarbeitergespräches für eine Führungskraft. Auch aus diesen Gesprächen leitet sich für den Vorgesetzten eine starke Lenkungsfunktion innerhalb der Mitarbeitergruppe ab, und er nimmt so auf die Mitarbeiterzufriedenheit und alle daraus entstehenden positiven Effekte Einfluss.

3.3 Personalentwicklung

„Es ist eine Binsenwahrheit. Und doch kommt man immer wieder darauf, dass der Erfolg einer Organisation – wie immer er auch definiert sei – davon abhängt, ob die Organisation über »die richtigen Leute« verfügt."[108] Dieses Zitat beschreibt recht zutreffend, welchen Stellenwert die Personalentwicklung für eine Führungskraft haben sollte. Dieser wird noch weiter verstärkt, wenn man aktuelle Diskussionen zum Fachkräftemangel verfolgt. Nach einer Untersuchung des Ifo-Instituts vom Dezember 2010 rechnen neun von zehn Unternehmen im kommenden Jahrzehnt mit einem verstärkten Mangel an Fachkräften.[109] Dabei wird sich dieser Mangel nach einer Studie der Unternehmensberatung McKinsey zukünftig auf alle erfolgsrelevanten Mitarbeitergruppen eines Unternehmens auswirken und nicht mehr bloß auf die Topabsolventen der Hochschulen beschränken.[110]

3.3.1 Ziele der Personalentwicklung

Die McKinsey-Studie verdeutlicht eine zukünftige Verknappung des Personalangebotes auf dem freien Arbeitsmarkt. Da Unternehmen jedoch weiterhin auf gut ausgebildetes Fachpersonal angewiesen sind, um erfolgreich am Markt bestehen zu können, wächst hiermit auch die Notwendigkeit einer stärkeren Unabhängigkeit vom freien Arbeitsmarkt. Eine Möglichkeit, dies zu erreichen, besteht in der Aus-, Fort- und Weiterbildung des bereits vorhandenen Personals, wie dies im Rahmen der Personalentwicklung möglich ist.[111]

Dabei existieren die drei Zielbereiche

- fachliche Kompetenz,
- soziale Kompetenz,
- methodische Kompetenz,

---

[108] Negri 2010, S. 123
[109] Vgl. Pelkmann 2011
[110] Vgl. McKinsey Deutschland 2011, S. 9
[111] Vgl. Dillerup und Stoi 2006, S. 568

welche im Rahmen der Mitarbeiterbildung bearbeitet werden können, um insgesamt die Handlungskompetenz der Belegschaft zu steigern.[112] Hierbei ist unter der fachlichen Kompetenz das Fachwissen zu Produkten, zu Techniken oder auch gesetzlichen Grundlagen zu verstehen, welches Mitarbeiter benötigen, um die ihnen übertragenen beruflichen Aufgaben erfüllen zu können. Bei der sozialen Kompetenz liegt der Schwerpunkt auf Fähigkeiten im sozialen Umgang, wie Kommunikation und Teamfähigkeit. Diese gewinnen unter dem Aspekt, dass in der modernen Arbeitswelt die meisten beruflichen Aufgaben im Team bewältigt werden, für den Erfolg eines Unternehmens zunehmend an Bedeutung. Ergänzt werden fachliche und soziale Kompetenz um die methodische Kompetenz, die das nötige Know-how schafft, die sozialen und fachlichen Fähigkeiten möglichst effizient einzusetzen.[113]

Mit der Personalentwicklung verknüpfen Unternehmen und Mitarbeiter unterschiedliche Erwartungen an deren Ergebnis. Für das Unternehmen ist sie eine Chance, die Mitarbeiter besser auf die zu bewältigenden Aufgaben vorzubereiten und sie somit auf die unternehmensspezifischen Besonderheiten zu spezialisieren. Gleichzeitig können über Schulungsmaßnahmen Umstrukturierungen im Unternehmen realisiert werden, indem Mitarbeiter auf neue Aufgaben vorbereitet werden. Neben der fachlichen Spezialisierung kann über die Personalentwicklung auch der Bedarf an Führungskräften durch Mitarbeiter aus dem Unternehmen gedeckt werden. Dies hat den zusätzlichen positiven Effekt, dass das Unternehmen so auch für seine Mitarbeiter Karrierechancen bietet, wodurch die Attraktivität als Arbeitgeber gesteigert wird.

Für die Mitarbeiter ist die Personalentwicklung ebenfalls von großer Bedeutung. Durch betriebliche Weiterbildung können Mitarbeiter eine Verbesserung ihrer beruflichen Position erwarten. Diese Verbesserung kann im einfachsten Fall eine Erleichterung der täglichen Arbeit infolge einer höheren Qualifizierung darstellen, bezieht sich jedoch meist auf die Übernahme neuer oder erweiterter Aufgaben, die Schaffung von Voraussetzungen für einen beruflichen Aufstieg sowie breitere Einsatz- und Karrieremöglichkeiten.[114] Mit Personalentwicklungsmaßnahmen sprechen Unternehmen ergo das Bedürfnis der Weiterentwicklung von Menschen an, wie es auch Alderfers Motivationstheorie vorsieht.

Da die vorliegende Arbeit die Personalentwicklung als ein Führungsinstrument für direkte Führungskräfte analysieren will, ist zu klären, wie diese als ein solches genutzt werden kann. Hierbei unterliegt die Führungskraft in wesentlichen Teilen den grundsätzlichen Entscheidungen der Unternehmensleitung. Bevor Maßnahmen zur Personalentwicklung in

---
[112] Vgl. Nerdinger, Blickle und Schaper 2011, S. 428
[113] Vgl. ebd.
[114] Vgl. Dillerup und Stoi 2006, S. 570

Kraft treten, ist es von Seiten der Unternehmensleitung sinnvoll, eine Bedarfsanalyse und -planung anzufertigen, aus der hervorgeht, wie viel Personal mit welcher Qualifikation in Zukunft benötigt wird. Bedarfsplanung kann in diesem Zusammenhang auch in einem partizipativen Prozess geschehen, bei dem die Mitarbeiter den Entwicklungsbedarf mitbestimmen können.[115] Trifft die Unternehmensleitung die Entscheidung, den Personalentwicklungsbedarf mit den Mitarbeitern gemeinsam festzulegen, besteht meist für die direkte Führungskraft Handlungsbedarf. Dies geschieht, indem sie im Rahmen von Gruppen- oder Mitarbeitergesprächen gemeinsam mit den Mitarbeitern den Bedarf an Fort- und Weiterbildungsmaßnahmen bestimmt. Diese Bedarfsermittlung kann auch in Form einer Mitarbeiterbefragung oder auf Basis kritischer Vorfälle geschehen,[116] jedoch ist sie in einem solchen Fall nicht als Führungsinstrument der direkten Führungskraft nutzbar. Der Vorteil einer solchen Praxis der Mitarbeiterpartizipation liegt in der besseren Abstimmung zwischen den Interessen des Unternehmens und denen der Mitarbeiter. Gleichzeitig steigert das Unternehmen die Akzeptanz von Fort- und Weiterbildungsmaßnahmen auf Seiten der Belegschaft.[117]

3.3.2 Personalentwicklung als Führungsinstrument

Nachdem die Rahmenbedingungen der Personalentwicklung durch die Unternehmensleitung festgelegt wurden, kann die Führungskraft dieses Instrument nutzen. Dabei besteht ihre Aufgabe in der Identifizierung von förderfähigen Potentialen und Talenten bei ihren Mitarbeitern.[118] Hier kann der Leitgedanke sein, einen Mitarbeiter durch Schulungsmaßnahmen an die vorhandene Stelle anzupassen. Da dieses Instrument jedoch eine Motivationswirkung haben soll und gleichzeitig eine stärkere Bindung der Mitarbeiter an das Unternehmen erreicht werden soll, ist es für die Führungskraft sinnvoller, eine Personalentwicklungsmaßnahme am Talent und Potential des betreffenden Mitarbeiters auszurichten. „Die individuellen Talente und Stärken jedes Einzelnen sollten erkannt [sic] im Interesse des Unternehmens optimal genutzt werden und systematisch gefördert werden."[119]

Damit solch eine gezielte Förderung der Mitarbeiter ermöglicht werden kann, ist eine Führungskraft darauf angewiesen, die Leistungen und das Verhalten des jeweiligen Mitarbeiters innerhalb einer Gruppe zu beobachten und daraus seine individuellen Stärken

---

[115] Vgl. Ryschka, Solga und Mattenklott 2008, S. 45f inkl. Tabelle 7 mit einer Übersicht verschiedener Möglichkeiten der Partizipation
[116] Vgl. ebd., S. 46
[117] Vgl. Nerdinger, Blickle und Schaper 2011, S. 430
[118] Vgl. Franken 2004, S. 123
[119] Ebd.

zu erkennen. Diese Beobachtungen sollten, wenn möglich, über einen längeren Zeitraum und in verschiedenen Situationen geschehen, da dies eine möglichst objektive Bewertung des betreffenden Mitarbeiters fördert. Im Idealfall stellt das Unternehmen der Führungskraft für solch eine Beurteilung Bewertungsbögen zur Verfügung, deren Inhalt sich an dem Anforderungsprofil einer Weiterentwicklungsmaßnahme orientiert.[120] Sollte dem nicht so sein, ist es für die Führungskraft empfehlenswert, selbst eine entsprechende Grundlage zu schaffen. So kann sie ihre eigenen Beobachtungen dokumentieren. Vorteil dieser Vorgehensweise ist, dass Beobachtungen aus längerer Vergangenheit nicht an Gewicht verlieren und somit ein ganzheitliches Bild des Mitarbeiters entsteht. Gleichzeitig können diese Dokumentationen in später folgenden Gesprächen mit dem Mitarbeiter genutzt werden, um eine Entscheidung der Führungskraft belegbar zu machen.

Zur Thematik der Beobachtung sollte sich die Führungskraft bewusst sein, dass auch sie nicht frei von Fehlern ist. Aus diesem Grund empfiehlt es sich für Führungskräfte, sich mit einigen typischen Bewertungsfehlern vertraut zu machen und mit diesem Wissen ihre eigenen Entscheidungen zu reflektieren.[121] Exemplarisch verdeutlichen folgende Effekte die Thematik:[122]

- Halo-Effekt: ein Rückschluss auf weitere Eigenschaften durch Beobachtungen eines Merkmales wie Aussehen oder Arbeitsweise
- Nikolaus-Effekt: der Mitarbeiter steigert seine Leistung zum Zeitpunkt der Beobachtung, während die Führungskraft vergangene Leistungen außer Acht lässt
- Abo-Effekt: hier besteht die Gefahr, eine einmal getroffene Bewertung für folgende Beurteilungen einfach zu übernehmen

Für die Führungskraft ist es in Bezug auf die berufliche Weiterentwicklung von Mitarbeitern wichtig, solche Beurteilungsfehler zu vermeiden, da diese negative Konsequenzen verursachen können. Zum einen besteht die Gefahr, einen Mitarbeiter zu schlecht zu beurteilen. Dies ist besonders dann schwerwiegend, wenn der Mitarbeiter sich von der Beurteilung einen beruflichen Aufstieg erhofft und so stark demotiviert wird. Jedoch birgt auch eine zu gute Bewertung Gefahren, wie sie von Laurence J. Peter und Raymond Hull in Form des Peter-Prinzips beschrieben wurden: „In einer Hierarchie neigt jeder Beschäftigte dazu, bis zu seiner Stufe der Unfähigkeit aufzusteigen"[123] Auch wenn man dieser Beurteilung

---

[120] Vgl. Niermeyer und Postall 2010, S. 175
[121] Vgl. ebd., S. 176
[122] Vgl. Jung 2008, S. 766ff und Niermeyer und Postall 2010, S. 177ff mit weiterführenden Erläuterungen die insbesondere bei Niermeyer und Postall 2010 auch auf mögliche Korrekturmaßnahmen eingehen
[123] Peter und Hull 1991, S. 19

eine gewisse satirische Färbung nicht aberkennen kann, so besteht doch die Gefahr, dass Mitarbeiter in Stellen befördert werden, die sie schlichtweg überfordern. Dies ist ein Zustand, der weder für Unternehmen noch für den Mitarbeiter gewollt sein kann, da insbesondere der Mitarbeiter hierdurch eine starke demotivierende Wirkung erleben wird, indem er ein stetiges Versagen erkennen muss.

Ein weiterer Punkt, der bezüglich der Mitarbeiterentwicklung für Führungskräfte eine nicht zu unterschätzende Bedeutung hat, ist der persönliche Kontakt zu den Mitarbeitern. Der Wunsch nach einer Personalentwicklungsmaßnahme für einen Mitarbeiter seitens der Führungskraft ist letztlich nicht realisierbar, wenn dieser ihn nicht mitträgt. Um an dieser Stelle keine Differenzen entstehen zu lassen, ist es für die Führungskraft wichtig, mit dem Mitarbeiter zu kommunizieren. Hierfür sind das schon beschriebene Mitarbeitergespräch, aber auch positive und negative Kritik ein probates Mittel, um zum einen die Wünsche und Ziele des Mitarbeiters zu erfahren und zum anderen auch eine Verhaltensbeeinflussung vorzunehmen, denn nicht jeder Mitarbeiter wird ein entsprechendes Selbstbild von sich haben. In manchen Fällen ist es für eine Führungskraft notwendig, ihre Mitarbeiter davon zu überzeugen, wie sinnvoll eine Fort- und Weiterbildungsmaßnahme für den Einzelnen ist.

Hierbei existiert auch eine Verbindung des Führungsinstrumentes zu den Aufgaben und Zielen einer Führungskraft. Wie schon zu Beginn dieser Arbeit erläutert, besteht das Ziel in einer Leistungssteigerung der Mitarbeiter und in der Identifizierung und Nutzung von bisher ungenutztem Potential der Mitarbeiter. Gleichzeitig kann die Führungskraft mit Einsatz einer Personalentwicklungsmaßnahme die Motivation der Mitarbeiter steigern. „Bedenkt man, dass jeder in der Regel das gerne tut, was er gut zu leisten in der Lage ist, so lässt sich daraus ableiten, dass jede Qualifikation ihre eigene Motivation ist."[124] Mit diesem Satz bringt Lutz von Rosenstil recht treffend zum Ausdruck, dass mit der Personalentwicklung eine intrinsische Motivation erzeugt wird.

3.3.3 Bewertung der Personalentwicklung

Das Führungsinstrument der Personalentwicklung bietet sowohl für Mitarbeiter als auch für Unternehmen Anreize zur Nutzung. Die Vorteile aus Sicht der Mitarbeiter liegen dabei mit stetiger Qualifizierung, Weiterentwicklung und der Chance zum Ausbau der beruflichen Position in Form von Karrierefortschritten auf der Hand. Dadurch wird beim Mitarbeiter eine beträchtliche Motivation generiert, da er, sofern er dies wünscht, ein großes Eigeninteresse

---

[124] von Rosenstil 2003, S. 18

mitbringt, die angebotenen Maßnahmen erfolgreich umzusetzen. Hierbei stehen nicht nur der erfolgreiche Abschluss einer Schulungsmaßnahme, sondern auch die Anwendung erlernten Wissens und daraus resultierende Verbesserungen der beruflichen Zukunft im Fokus des Mitarbeiters.

Die positive Wirkung der Personalentwicklung auf den Mitarbeiter kann sich das anbietende Unternehmen nutzbar machen. So sollte es eine primäre Anforderung des Unternehmens sein, aus der Personalentwicklung eine Steigerung der Leistung der Mitarbeiter zu erzielen. Dies kann sich in einer höheren Produktivität oder verbesserten Qualität der geleisteten Arbeit ausdrücken. Die sekundären Anforderungen an die Personalentwicklung bestehen einerseits aus der Wirkung auf die eigenen Mitarbeiter. So bietet das Unternehmen Entwicklungsperspektiven an und bindet auf diese Weise das Personal fester an sich. Gleichzeitig können aber über dieses Instrument auch Führungskräfte aus dem eigenem Mitarbeiterstamm aus- und weitergebildet werden. Für das Unternehmen hat diese Art der Rekrutierung von Führungskräften den Vorteil, dass diese durch ihre langjährige Erfahrung im Unternehmen selbiges besser kennen als extern eingestellte Führungskräfte. Dies trifft auf die Strukturen und die Philosophie des Unternehmens gleichermaßen zu. Außerdem hat die Personalentwicklung auch eine Außenwirkung für das Unternehmen. Sollte das Unternehmen es für notwendig erachten, neues Personal vom freien Arbeitsmarkt einzustellen, so wird der Umfang an Fort- und Weiterbildungsmaßnahmen die Attraktivität als Arbeitgeber steigern, was eine Einstellung von hochqualifizierten Mitarbeitern unterstützt.

Diese Ausführungen zeigen, dass im Zusammenhang mit dem Rückkopplungsmodel von Porter und Lawler zwei Ansatzpunkte bestehen, um den Prozess der Motivationsentstehung und -nutzung mit diesem Instrument der Mitarbeiterführung zu beeinflussen. Hierbei handelt es sich in der Hauptsache um den Punkt der Fähigkeiten und Charakterzüge. Diese sollen mit der Personalentwicklung positiv beeinflusst werden. Der zweite Punkt ist die Generierung einer inneren – intrinsischen – Belohnung. Damit wird diesem Instrument im Rahmen der Portfolio- und grafischen Analyse eine stark intrinsische Motivation zugeschrieben und mit einem Wert von neun belegt.

Da das Instrument der Personalentwicklung sehr stark von den Vorgaben der Unternehmensleitung abhängig ist, steht der direkten Führungskraft dieses Instrument hauptsächlich zur Nutzung zur Verfügung. Der Einfluss auf das Führungsinstrument durch die Führungskraft ist damit stark eingeschränkt. Ihr fällt hierbei eine eher ausführende Aufgabe zu, indem sie potentielle Teilnehmer für eine Personalentwicklung auswählt bzw. ihre Mitarbeiter von der Notwendigkeit einer solchen überzeugt. Eine gestaltende Funktion nimmt sie letztlich nur im Rahmen der partizipativen Bedarfsermittlung als Begleiter ihrer Mitarbeiter in diesem Prozess ein. Im Zusammenhang mit der Portfolio- und grafischen

Analyse definiert sich dieses Instrument als ein stark durch das Unternehmen vorgegebenes Instrument und wird an dieser Stelle mit einem Wert von eins belegt.

Welche Motivationswirkung die Personalentwicklung hat, veranschaulicht die Motivationstheorie von Alderfer. Mit dem Instrument der Fort- und Weiterbildung und den damit bereits diskutierten Auswirkungen auf die Karriere eines Mitarbeiters wird das Wachstumsbedürfnis eines Menschen angesprochen, da er durch die Teilnahme an einer Bildungsmaßnahme die Wertschätzung erfährt, wonach das Unternehmen und auch seine Führungskraft ihm eine Weiterentwicklung auf seinem beruflichen Weg zutrauen. Gleichzeitig entsteht für den Mitarbeiter die Chance, seinem Bedürfnis der Selbstverwirklichung nachzugehen. Dies führt zu der Beurteilung, das Führungsinstrument in der grafischen Analyse auf der Skala der ERG-Theorie als ein Instrument einzutragen, welches die Wachstumsbedürfnisse anspricht.

Abschließend sollte für die Führungskraft die Überlegung stehen, dass das in den Mitarbeiter gesetzte Vertrauen und die daraus entstehende Motivation aus Sicht des direkten Vorgesetzten einen der wichtigsten Gründe darstellt, um Personalentwicklung als ein Führungsinstrument einzusetzen.

3.1 Anreizsystem

Drumms Definition von Anreizsystemen berücksichtigt sowohl die Interessen des Unternehmens als auch die der Mitarbeiter: „Alle Anreizsysteme haben die Aufgabe, anstelle von expliziten, ausformulierten verhaltensregulierenden Anweisungen, bestimmte Verhaltensweisen etwa durch Zielvorgaben implizit zu fördern oder andere zu unterdrücken. [sic] Anreizsysteme setzen also zumindest begrenzte Entscheidungs- und Verhaltensfreiheit voraus."[125] Für die Unternehmensleitung steht letztlich der wirtschaftliche Erfolg im Vordergrund. Dies korrespondiert mit den Interessen der Shareholder des Unternehmens. Ziel ist es, steigende Gewinne und Existenzsicherung durch Wachstum zu erreichen. Da dieses Ziel nur mithilfe der Angestellten erreicht werden kann – hier sei exemplarisch der Zusammenhang zwischen Mitarbeiter- und Kundenzufriedenheit genannt – benötigt die Unternehmensführung ein Instrument, mit welchem sie die Aktivitäten der Mitarbeiter auf dieses Ziel lenken kann und so eine Bündelung der Kompetenzen des Unternehmens auf ein gemeinsames Ziel erreicht. Gleichzeitig schafft diese Definition einen Freiraum für den einzelnen Mitarbeiter. Dieser besteht darin, dass der Mitarbeiter selbst entscheiden kann, in

---

[125] Drumm 2008, S. 457

welchem Umfang er die vorgegebenen Ziele zu erfüllen bereit ist. Das wird sich daran orientieren, ob er die Fähigkeiten besitzt, die geforderten Vorgaben der Unternehmensleitung zu erfüllen. Dabei kann er jedoch im Sinne der Opportunitätskosten selbst entscheiden, welchen Aufwand er betreibt, um das Ziel eines Anreizsystems zu erfüllen. Trifft der Mitarbeiter die Entscheidung, eine geringe Anstrengung zu investieren, so sollte ihm auch bewusst sein, dass er für weniger Leistung beispielsweise ein geringeres Entgelt akzeptieren muss.

3.4.1 Ziele und Arten von Anreizsystemen

Ziel des Unternehmens sollte es sein, die Anreizsysteme dahingehend zu gestalten, dass mit ihnen sowohl die Bedürfnisse des Unternehmens als auch die der Mitarbeiter befriedigt werden. Hierbei können aus Sicht des Unternehmens zwei unterschiedliche Bedürfnisse betrachtet werden. Zum einen können Anreizsysteme der Leistungsverbesserung, zum anderen einer kundenorientierteren Verhaltensbeeinflussung der Mitarbeiter dienen. Der Unterschied dieser beiden Arten liegt in deren grundsätzlich unterschiedlicher Zielsetzung. Um ein Verständnis für die Wirkungsweise und die Zielsetzung eines Anreizsystems zu erlangen, ist es wichtig, dessen Komponenten zu erkennen. Anreizsysteme besitzen zwei Dimensionen. Die eine besteht aus einer Menge an Bezugsobjekten, die die Bemessungsgrundlage und Kriterien der Anreize bilden. Die zweite Dimension bildet sich aus den Anreizen selbst, die sich in Form von Belohnungen oder Bestrafungen äußert.[126] Nach Jung umfassen Anreizsysteme auch die im Arbeitsvertrag vereinbarten Lohn- und Gehaltsleistungen.[127] Diese werden jedoch im Rahmen dieser Arbeit nicht betrachtet, da letztlich eine Beurteilung im Fokus steht, wie Anreizsysteme als ein Führungsinstrument genutzt werden können, um die Leistung der Mitarbeiter zu optimieren, indem Motivationsanreize gegeben werden. Hierfür sind in erster Linie Anreize von Interesse, welche über das normale Lohnniveau hinausgehen.

Der Unterschied zwischen einem leistungs- oder kundenorientierten Anreizsystem wird in der Wahl der Bemessungsgrundlage deutlich. Hierbei sollte bedacht werden, dass Anreizsysteme häufig mehr als ein oder zwei Bemessungsgrundlagen besitzen. So entsteht die Möglichkeit, ein mehr oder minder komplexes System aus verschiedenen Zielsetzungen zu schaffen, die sich an den Zielen des Unternehmens orientieren. Auch erscheint eine stringente Trennung zwischen leistungs- und kundenorientierten Anreizsystemen nicht sinnvoll. Vielmehr bestimmt die Gewichtung der einzelnen Komponenten die Färbung des

---

[126] Vgl. Benning-Rohnke und Greve 2010, S. 23
[127] Vgl. Jung 2008, S. 562

Anreizsystems. Die Bemessungsgrundlagen sind in den meisten Fällen Kennzahlen, da diese eine klare Definition besitzen und am Ende des Betrachtungszeitraumes abgerechnet werden können. Zu den leistungsorientierten Kennzahlen zählen beispielsweise Produktivität, Umsatz, Gewinn und die Kennzahl des Return on Investment, die die Kapitalverzinsung ausdrückt. Für eine kundenorientierte Ausrichtung des Unternehmens bieten sich in einem Anreizsystem Kennzahlen der Kundenzufriedenheit, wie es der Net-Promotor-Score abbildet, an.[128] Weitere Ansatzpunkte können im Qualitäts- und Beschwerdemanagement sowie in Erreichbarkeiten und Soforterledigungsquoten liegen. Diese Aufzählung kann lediglich einen beispielhaften Charakter besitzen und darüber hinaus für beide Varianten beliebig erweitert und vertieft werden. Damit setzt das Unternehmen Signale an die Mitarbeiter, welche Leistungen und Verhaltensweisen von der Belegschaft erwartet werden.[129]

3.4.2 Mit Anreizsystemen motivieren

Während aus Sicht des Unternehmens das Hauptinteresse an der Dimension der Bemessungsgrundlage besteht, und die Anreize als ein Mittel zur Zielerreichung angesehen werden, stehen für die Mitarbeiter diese Anreize im Mittelpunkt. Damit ein Anreiz eine leistungsändernde oder steigernde Wirkung auf einen Mitarbeiter hat, ist es wichtig, dass er die Bedürfnisse des Mitarbeiters anspricht. Da es besonders in großen Unternehmen schwierig ist, für jeden Mitarbeiter individuelle Anreize zu schaffen, stützen sich Anreizsysteme meistens auf typische Bedürfnisse von Mitarbeitern.[130] Somit äußert sich die zu erreichende Belohnung häufig in extrinsischen Anreizen, in Form von materiellen Leistungen, wie einer Bonuszahlung, oder in Erfolgs- und Vermögensbeteiligungen und immateriellen Leistungen, wie Karrieremöglichkeiten oder Qualifikationsangeboten.[131] Hierbei sollte jedoch beachtet werden, dass materielle Anreize einer hedonistischen Adaptation unterliegen und so bei einer zu geringen Ausgestaltung versagen.[132]

Da dieses Führungsinstrument in einem sehr starken Maß von dem Unternehmen ausgestaltet wird, um damit die Erfüllung von strategischen Zielen zu erreichen, steht der direkten Führungskraft meist nur die Nutzung der vorhandenen Systeme zu. Hierbei hat sie die Aufgabe, in einem ersten Schritt ihre Mitarbeiter mit den vorhandenen Anreizsystemen vertraut zu machen. Dies ist wichtig, um den Mitarbeitern zu verdeutlichen, welches

---

[128] Vgl. Benning-Rohnke und Greve 2010, S. 205
[129] Vgl. Drumm 2008, S. 15
[130] Vgl. ebd.
[131] Vgl. Dillerup und Stoi 2006, S. 590
[132] Vgl. Drumm 2008, S. 458

Verhalten von ihnen erwartet wird. Des Weiteren stellt die Führungskraft an dieser Stelle heraus, welche Belohnung mit dem Erfüllen der gewünschten Kriterien verbunden ist. Hierdurch wird die notwendige Motivation beim Mitarbeiter generiert, um die eigene Leistung auf das gewünschte Niveau zu steigern oder sein Verhalten in gewünschtem Maße zu ändern. Damit knüpft das Führungsinstrument der Anreizsysteme an die Prozesstheorie der Motivation nach Porter und Lawler an, indem eine Belohnung, in diesem Fall eine äußere, in Aussicht gestellt wird. Die Motivation, die ein Mitarbeiter entwickelt, um diese Belohnung zu erreichen, wird nach diesem Modell, in Bezug auf die Anreizsysteme, durch die Erfolgswahrscheinlichkeit der Erreichung der Belohnung determiniert. Diese ist wiederum davon abhängig, welche Fähigkeiten dem Mitarbeiter zur Verfügung stehen, um das jeweilige mit dem Anreiz verbundene Kriterium zu erfüllen. Da der Gestaltungsrahmen der Führungskraft auf die vorhandenen Anreizsysteme sehr begrenzt ist, kann sie dieses Instrument nur indirekt zur individuellen Verhaltensbeeinflussung der Mitarbeiter, wie dies im Zürcher Ansatz vorgesehen ist, nutzen. Dies geschieht, indem sie die positiven Anreize in Mitarbeiter- und Kritikgesprächen herausstellt und den Mitarbeitern ein Feedback über die zur Erfüllung der geforderten Kriterien notwendigen Maßnahmen gibt. Ebenfalls kann die Führungskraft die extrinsische Motivationswirkung der Anreizsysteme positiv beeinflussen, indem sie im Zusammenhang mit den geforderten Kriterien Lob und Anerkennung äußert, wenn ein Mitarbeiter diese erfüllt. Auf diesem Weg generiert die Führungskraft eine intrinsische Motivationswirkung,[133] welche auch die Zufriedenheit des Mitarbeiters stärken wird.

3.4.3 Bewertung von Anreizsystemen

Da Anreizsysteme durch die Unternehmensleitung definiert werden, hat die Führungskraft nur die Möglichkeit zu entscheiden, wie und wann sie dieses Instrument einsetzt, um eine Motivation zur Leistungsverbesserung zu bewirken. Dies schlägt sich auch in der Beurteilung im Rahmen der Portfolio- und grafischen Analyse nieder. Hierbei wird dieses Instrument in der Dimension des Gestaltungsrahmens bei einem Wert von eins abgetragen. Damit wird der Tatsache Rechnung getragen, dass die Führungskraft entscheiden kann, wann und wie sie dieses Instrument nutzt und wie sie es ihren Mitarbeitern vorstellt, ohne dass ihr eine Möglichkeit der Änderung der Rahmenbedingungen zur Verfügung steht.

Ein ähnliches Bild ergibt sich in Bezug auf die Motivationswirkung nach der ERG-Theorie. Auch wenn durch die Anreizsysteme der direktorale Eingriff in das Mitarbeiterhandeln

---

[133] Vgl. Dillerup und Stoi 2006, S. 590

reduziert werden soll,[134] entsteht hierdurch noch keine Selbstverwirklichung des Mitarbeiters im Sinne der ERG-Theorie, da ihn die Anreizsysteme in eine fest vorbestimmte Verhaltensweise lenken sollen. Die mit den Anreizen häufig verbundenen monetären Belohnungen lassen den Schluss zu, dass hierüber die Befriedigung von Existenzbedürfnissen der Menschen angesprochen wird. Diese Einschätzung wird sich auch in der später folgenden grafischen Analyse der Führungsinstrumente niederschlagen.

Eine ebenso eindeutige Beurteilung kann im Zusammenhang mit der Motivationswirkung der Anreizsysteme getroffen werden. Hierbei überwiegt die extrinsische Motivationswirkung des Instrumentes stark gegenüber der intrinsischen. Diese Einschätzung resultiert aus der Tatsache, dass die Anreize (im Rahmen der Anreizsysteme) häufig in monetärer Form gegeben werden. Dies ist wiederum eine direkte Folge aus der Tatsache, dass dieses Führungsinstrument sehr stark durch die Unternehmensleitung festgelegt wird und so eine individuelle Abstimmung auf den einzelnen Mitarbeiter nicht erfolgen kann, was wiederum eine intrinsische Motivationswirkung erschwert. Damit wird dieses Instrument in der Portfolio- und grafischen Analyse auf der Skala der Motivationswirkung einen Wert von zwei einnehmen.

Zusammenfassend kann das Führungsinstrument der Anreizsysteme als ein Instrument betrachtet werden, mit dem die Unternehmensleitung eine direkte Verhaltensbeeinflussung der Mitarbeiter vornehmen kann. Hierbei kommt einer direkten Führungskraft die Aufgabe der Kommunikation der Anreize und damit verbundenen Kriterien zu. Jedoch ist das Instrument nicht geeignet, eine individuelle auf einen einzelnen Mitarbeiter abgestimmte Motivationswirkung zu erzielen. Hierfür fehlt es den Anreizsystemen an Flexibilität. Jedoch wird es der Unternehmensleitung ermöglicht, eine großflächige strategische Ausrichtung der Mitarbeiter auf die Unternehmensziele zu erreichen.

3.5 Zielvereinbarung

„Der Langsamste, der sein Ziel nicht aus den Augen verliert, geht noch immer geschwinder, als jener, der ohne Ziel umherirrt."[135] Dieser Aphorismus des Dichters Gotthold Ephraim Lessing beschreibt sehr zutreffend, welche Wirkung Ziele auf Menschen haben können. Im Rahmen dieser Arbeit soll beschrieben werden, wie ein Unternehmen Ziele für eine Verbesserung der eigenen wirtschaftlichen Situation nutzen kann. Hierfür sollen Ziele in einer Zielvereinbarung mit einem Anreiz verknüpft werden, welcher die Motivation der

---

[134] Drumm 2008, S. 457
[135] Lessing

Zielerreichung schafft oder verstärkt. Somit ist das Führungsinstrument Zielvereinbarung eine Form von Anreizsystemen.

Um die Wirkung einer Zielvereinbarung nutzen zu können, ist es zunächst notwendig, den Begriff *Ziel* zu definieren. Ziele sind im unternehmerischen Sinn angestrebte zukünftige Zustände, Soll-Zustände,[136] welche sich aus den strategischen Planungen der Unternehmensleitung ableiten.[137] Hierbei beginnt der Prozess der Zielentstehung in der obersten Ebene der Leitungshierarchie, indem eine Leitvision bzw. eine Strategie geschaffen wird, die zum Ausdruck bringt, wie sich das betreffende Unternehmen zukünftig entwickeln möchte. Als ein Beispiel kann an dieser Stelle die Strategie der Deutschen Telekom, „Verbessern – Verändern – Erneuern",[138] genannt werden. Diese Strategie bildet die Ausgangsbasis für einen Prozess, in dem aus übergeordneten Zielen detailliertere Unterziele entwickelt werden und so eine Zielkaskade entsteht. Hierbei fungiert die oberste Strategie als ein Leitziel mit normativem Charakter, aus dem klar abgegrenzte Unterziele für jeden Mitarbeiter des Unternehmens formuliert werden.[139] Bei diesem Prozess ist es entscheidend, dass zum einen jedes Ziel auf das der vorhergehenden Leitungsebene ausgerichtet ist und, dass bei Zielen von gleichgeordneten Einheiten keine Widersprüche entstehen. So wird eine vertikale und horizontale Kompatibilität sichergestellt,[140] und das Unternehmen kann die Lenkungsfunktionen von Zielen derart nutzen, dass die Bemühungen aller Mitarbeiter auf die Strategie des Unternehmens fokussiert werden. Dieser Top-Down-Ansatz der Zielentwicklung, mit dem die Unternehmensleitung den Kurs des Unternehmens bestimmt, kann als Gegenstromverfahren mit einem Bottom-Up-Prozess verknüpft werden, durch den Mitarbeiter ihre Ziele selbst mitgestalten können und Unstimmigkeiten in der Zielstellung sichtbar gemacht werden.[141] Zu diesem Bottom-Up-Prozess sollte jedoch kritisch angemerkt werden, dass der Spielraum der Selbstgestaltung mit abnehmender Hierarchiestufe stark sinken wird, da die Ziele der unteren Stufen in hohem Maße von denen der vorangegangenen abhängig sind und eine verstärkende Konkretisierung eintritt. Doch ist die Motivationswirkung von selbstgesteckten Zielen auch auf den unteren Hierarchiestufen nicht gänzlich unbedeutend.

---

[136] Vgl. Watzka 2011, S. 13
[137] Vgl. Eyer und Haussmann 2009, S. 12
[138] Deutsche Telekom
[139] Vgl. Schwaab, et al. 2010, S. 110
[140] Vgl. Eyer und Haussmann 2009, S. 35
[141] Vgl. Schwaab, et al. 2010, S. 201f

3.5.1 Gestaltung von Zielvereinbarungen

Der Zweck von Zielen besteht darin, eine möglichst starke Motivation beim Mitarbeiter zu schaffen sowie das Ergebnis des Unternehmens, wie dies auch immer formuliert ist, zu verbessern. Hierfür ist es notwendig, dem Mitarbeiter seine Ziele zu kommunizieren. So banal diese Aussage erscheinen mag, stellt die Umsetzung dieser Kommunikation in der unternehmerischen Praxis doch eine nicht zu unterschätzende Aufgabe dar. Hierbei ist bereits von großem Interesse, ob gegenüber den Mitarbeitern die Ziele in Form von Zielsetzungen oder von Zielvereinbarungen kommuniziert werden. „Aus der Sicht der Mitwirkung der jeweils Betroffenen sind Zielvereinbarung als kooperative Variante (Partizipation) und Zielvorgabe als eher autoritäre Version zu unterscheiden."[142] Im weiteren Rahmen dieser Arbeit soll in diesem Zusammenhang die kooperative Form der Zielvereinbarung im Fokus stehen. Hierbei ist es für das Zustandekommen einer Zielvereinbarung mit jedem Mitarbeiter des Unternehmens nötig, dass durch die Unternehmensleitung das Zielsystem[143] vorgestellt wird. Dies erscheint insbesondere bei der erstmaligen Einführung der Zielvereinbarung im Unternehmen sinnvoll. Hierbei haben sich in der Praxis halbstündige Veranstaltungen in kleineren Gruppen von ca. dreißig Mitarbeitern bewährt, in deren Rahmen zunächst das Zielsystem vorgestellt wird und im Anschluss die Möglichkeit besteht, über das System zu diskutieren.[144] Diese Veranstaltung ermöglicht jedem Mitarbeiter, das System der Zielvereinbarung kennenzulernen und wird eine höhere Akzeptanz unter den Mitarbeitern schaffen. Die Möglichkeit, die Ziele des Unternehmens zu diskutieren, schafft auch die Chance, die Mitarbeiter im Sinne eines Bottom-Up-Prozesses einbeziehen zu können.

Nachdem das Konzept der Zielvereinbarung der Belegschaft vorgestellt wurde, besteht der nächste Schritt aus der konkreten Gestaltung von Zielvereinbarungen für jeden einzelnen Mitarbeiter. Diese Aufgabe wird in der Regel der direkten Führungskraft eines Mitarbeiters bzw. einer Mitarbeitergruppe übertragen. Dies begründet sich aus der Tatsache, dass sich die Ziele der Mitarbeiter aus den Zielen des direkten Vorgesetzten ableiten. Zusätzlich wird es auch die Aufgabe der Führungskraft sein, die Zielerfüllung positiv zu beeinflussen und letztlich am Ende der Laufzeit einer Zielvereinbarung auch eine Abrechnung der Ziele vorzunehmen. Damit die Führungskraft ihre Aufgabe wahrnehmen kann, ist es für sie unumgänglich, das Gespräch mit ihren Mitarbeitern zu suchen. An dieser Stelle wäre es auch vorstellbar, die Zielvereinbarung per E-Mail oder Brief zuzusenden. Jedoch würde

---

[142] Schwaab, et al. 2010, S. 9
[143] Bei einem Zielsystem werden verschiedene Einzelziele miteinander kombiniert. Dabei können sowohl qualitative als auch quantitative Ziele in einer Zielvereinbarung kombiniert werden, welche in sich wiederum verschiedene Einzelziele beinhalten kann.
[144] Vgl. Eyer und Haussmann 2009, S. 27

dieser Weg sicher den Wunsch untergraben, eine entsprechende Motivationswirkung zu erreichen, da sich in einem solchen Fall die Zielvereinbarung zu einer Zielvorgabe entwickelt. Um diesen Effekt zu verhindern, ist es ebenfalls nicht sinnvoll, Gespräche für eine Zielvereinbarung in einem Gruppengespräch durchzuführen. Da für jeden Mitarbeiter eine individuelle Zielvereinbarung abgeschlossen werden soll, sollte das Führungsinstrument des Mitarbeitergespräches gewählt werden. Wie bereits erwähnt, wird dieses ein institutionalisiertes Mitarbeitergespräch sein, da davon auszugehen ist, dass die Zielvereinbarung in regelmäßigen Abständen erfolgen sollte.

Bevor ein Zielvereinbarungsgespräch stattfinden kann, ist es für die Führungskraft von Bedeutung, die zu vereinbarenden Ziele genau zu kennen oder selbst zu definieren. An dieser Stelle muss jedoch einschränkend erwähnt werden, dass die Führungskraft häufig einen stark eingeschränkten Spielraum besitzt, um eigene Ziele zu definieren. Dies ergibt sich erneut aus der Überlegung der Zielkaskadierung. Dieses Handlungsfeld wird zusätzlich eingeengt, wenn die Ziele, welche mit dem Mitarbeiter vereinbart werden sollen, vorab mit dem Betriebsrat abgestimmt werden müssen. Da die Zielvereinbarungen, trotz dieser Einschränkungen, eine Motivationssteigerung bewirken sollen, wäre es ratsam, bei der Zielformulierung auf die SMART-PURE-CLEAR-Formel (Abb. 13) zur Zielvereinbarung zurückzugreifen.[145]

SMART		PURE		CLEAR	
specific	spezifisch	**p**ositively stated	positiv formuliert	**c**hallenging	herausfordernd
measurable	messbar	**u**nderstood	verstanden	**l**egal	rechtmäßig
attainable	erreichbar	**r**elevant	relevant	**e**nvironmentally sound	umweltverträglich
realistic	realistisch	**e**thical	moralisch vertretbar	**a**greed	akzeptiert
time phased	terminiert			**r**ecorded	protokolliert

Abb. 13 Kriterien guter Ziele nach Whitmore (Quelle: Niermeyer & Postall, 2010, S. 121)

Solch eine Formulierungsvorschrift wird aus den Zielen, die aus den Oberzielen des Unternehmens abgeleitet werden, Ziele generieren, mit denen sich ein Mitarbeiter identifizieren kann. Damit wird auch die Absicht von Zielvereinbarungen unterstützt, wonach der Wunsch zur Erreichung der Zielstellung an sich bereits eine starke Motivation auslöst.

Eine weitere Überlegung, die bei der Formulierung von Zielen nicht außer Acht gelassen werden sollte, ist die Beziehung verschiedener Ziele zueinander. Hierbei existieren die

---

[145] Vgl. Niermeyer und Postall 2010, S. 121

folgenden drei Szenarien:[146]

- Zielkomplementarität: die Erreichung eines Zieles beeinflusst die Erreichung eines zweiten positiv
- Zielneutralität: die Verfolgung mehrere Ziele erfolgt völlig unabhängig voneinander
- Zielkonflikt: die Erreichung eines Zieles hat einen negativen Effekt auf die Erreichung eines zweiten Zieles

„Bei einer extremen Form des Zielkonflikts spricht man auch von Zielantinomie. Die Ziele beeinflussen sich dann nicht nur negativ, sondern stehen vielmehr in einem diametralen Gegensatz, sind also völlig unvereinbar."[147] Besonders dieser Fall sollte möglichst schon bei der Gestaltung der Zielvorgaben durch die Unternehmensleitung vermieden werden, da sich andernfalls eine Zielvereinbarung kontraproduktiv auf die Motivation eines Mitarbeiters auswirken wird, wenn dieser bei erfolgreicher Zielverfolgung eines Zieles ein zweites in jedem Fall verfehlen wird.

Die Betrachtung der Zielformulierung verdeutlicht, dass eine Zielvereinbarung aus Sicht der Motivationswirkung intrinsische Komponenten besitzt. Um diese Wirkung einer Zielvereinbarung zu nutzen, ist es die vordringliche Aufgabe einer Führungskraft, bei der Kommunikation der Ziele einen Bezug zwischen den Mitarbeiterzielen und den übergeordneten Unternehmenszielen herzustellen. Für den Mitarbeiter sollte deutlich werden, welchen Beitrag zum Erfolg des Unternehmens er mit der Zielerfüllung leisten kann. Eine Führungskraft, der es gelingt, den Unternehmenserfolg mit den Zielen der Mitarbeiter zu verknüpfen, ermöglicht dem Mitarbeiter, kooperativ am Erfolg des Unternehmens mitzuwirken. Gleichzeitig kann die Führungskraft dem Mitarbeiter vermitteln, dass durch die Ausrichtung der beruflichen Anstrengungen auf ein gemeinsames Ziel der Bestand des Unternehmens und damit auch der Bestand der eigenen Existenzgrundlage des Mitarbeiters gesichert wird.

3.5.2 Motivation durch Zielvereinbarungen

Eine Zielvereinbarung wird den gewünschten Erfolg nicht erreichen, wenn es dem Mitarbeiter an Anreizen fehlt, diese Vereinbarung einzuhalten. Obgleich die dargestellte intrinsische Motivationswirkung einer Zielsetzung vorhanden ist, die eine Zielerfüllung positiv beeinflusst,

---
[146] Vgl. Watzka 2011, S. 21
[147] Ebd., S. 22)

ist diese allein nicht ausreichend um eine starke Motivation hervorzubringen. Dies gilt insbesondere unter dem Aspekt, dass im Regelfall eine Zielvereinbarung über einen Zeitraum von einem Jahr geschlossen wird.[148] Über diesen Zeitraum wird es dem Mitarbeiter schwerfallen, die Ziele und die damit zusammenhängenden Wirkungen auf das Unternehmen sowie die eigene Existenzgrundlage im Fokus zu behalten, während der betriebliche Alltag zu bewältigen ist.

Aus diesem Grund existiert bei einer Zielvereinbarung eine zweite Komponente. Im Rahmen einer Zielvereinbarung muss so auch die Frage geklärt werden, welche Belohnung ein Mitarbeiter erwarten kann, wenn er die vereinbarten Ziele erreicht. Dies sind in erster Linie monetäre Anreize. Jedoch sind auch andere Anreize wie Personalentwicklungsmaßnahmen, Seminarteilnahmen oder Sachzuwendungen möglich. Damit diese eine anspornende Wirkung auf den Mitarbeiter ausüben, ist es wichtig, im Rahmen der Zielvereinbarung einen bestimmten Anreiz klar einem konkreten Ziel zuzuordnen, wobei der Mitarbeiter den Grad der Zielerreichung direkt beeinflussen kann.[149] So wird sichergestellt, dass dieser sein Leistungspotential zur Zielerreichung vollständig ausschöpft und die Belohnung nicht aufgrund der Leistungen anderer Mitarbeiter erhält.

Die Aufgabe der Führungskraft besteht neben der Formulierung der Zielvereinbarung mit dem Mitarbeiter auch in der steten Kommunikation der Ziele und der damit verbundenen Anreize. Dies wird insbesondere deutlich, wenn man die Ergebnisse einer Studie der Unternehmensberatung Saaman AG zur Wirksamkeit von Zielvereinbarungen betrachtet. Diese stellte fest, dass knapp die Hälfte der Mitarbeiter die vereinbarten Ziele nicht kennt.[150] Auch wenn diese Arbeit die Meinung des Verfassers, dass das Instrument der Zielvereinbarung nicht mehr zeitgemäß ist, nicht teilt,[151] so zeigt die Studie jedoch, wie wichtig es ist, die Zielvereinbarung als Führungsinstrument regelmäßig zu nutzen. Für die Ansprache der Mitarbeiter empfiehlt es sich, dies mit weiteren Führungsinstrumenten wie dem Mitarbeitergespräch oder der Kritik zu kombinieren. Hierdurch sensibilisiert die Führungskraft ihre Mitarbeiter, welchen Stellenwert die Zielvereinbarung besitzt und verhindert, dass die Zielerreichung zur Nebensache wird. In diesem Zusammenhang kann auch der Anreiz, welcher mit der Zielvereinbarung verknüpft ist, als Argument genutzt werden, um die Mitarbeiter einerseits zu motivieren und um andererseits eine Zielabweichung dem Mitarbeiter positiv zu vermitteln. Auf diesem Weg wird der Nutzen der externen Anreize noch erweitert. So stellt der externe Anreiz nicht nur eine Lokomotivfunktion dar, sondern ermöglicht es, die Zielvereinbarung sehr leicht gegenüber

---

[148] Vgl. Saaman AG 2010
[149] Vgl. (Eyer und Haussmann 2009, S. 32
[150] Vgl. Saaman AG 2010
[151] Vgl. Saaman 2011

dem Mitarbeiter in Erinnerung zu rufen, ohne dabei umfassend auf Grund und Absicht einzelner Ziele einzugehen.

So erreicht die Führungskraft über dieses Instrument eine direkte Verhaltensbeeinflussung, wie dies im Zürcher Ansatz vorgesehen ist, ohne dabei die Mitarbeiterzufriedenheit zu schmälern. Dies ist darin begründet, dass mit der Vereinbarung von Zielen gleichsam auch das Verhalten vorgezeichnet wird, welches der Mitarbeiter zeigen muss, um das vereinbarte Ziel zu erreichen. Da er jedoch mit Zielerreichung eine Belohnung erhält, kann hiermit auch die Zufriedenheit des Mitarbeiters gesteigert werden. Dies ist zumindest dann der Fall, wenn er die Belohnung als besonders erstrebenswert ansieht.

3.5.3 Bewertung von Zielvereinbarungen

Damit besteht im Hinblick auf das Rückkopplungsmodell nach Porter und Lawler die Möglichkeit, eine Mitarbeiterbeeinflussung zu erreichen. In der Wahl der Höhe und Art der Belohnung ist die Einflussmöglichkeit der direkten Führungskraft sehr eingeschränkt, da sowohl bei der Höhe und Auswahl der Belohnung als auch der Wahl der zu vereinbarenden Ziele die Vorgaben der Unternehmensleitung Vorrang haben. Damit ist das Führungsinstrument der Zielvereinbarung in der Einschätzung des Gestaltungsrahmens ähnlich zu beurteilen wie das der Anreizsysteme. Die Zielvereinbarung wird in der Portfolio- und grafischen Analyse auf der Dimension der Gestaltung mit einem Wert von zwei als ein stark durch das Unternehmen vorgegebenes Instrument bewertet. Mit dieser Beurteilung wird jedoch auch der Tatsache Rechnung getragen, dass die Führungskraft sehr wohl auf die Form der Kommunikation Einfluss nehmen kann. Hier liegt es in der Verantwortung des direkten Vorgesetzten, wie häufig und in welcher Kombination mit anderen Führungsinstrumenten er mit seinen Mitarbeitern über die Zielvereinbarung spricht.

Diese Bewertung wirkt sich ebenfalls auf die Einschätzung bezüglich der Art der Motivation aus. Trotz der Tatsache, dass die Zielvereinbarung auch eine intrinsische Motivationswirkung besitzt, steht im Zusammenhang mit der Zielvereinbarung die Belohnung aus der Erreichung der vereinbarten Ziele im Vordergrund. Dies resultiert letztlich auch aus der Tatsache, dass dieses Führungsinstrument stark durch die Unternehmensleitung vorgegeben wird. Das erschwert es einem Vorgesetzten, für seine Mitarbeiter individuell auf den Einzelnen abgestimmte Ziele und Belohnungen zu schaffen. Da hierbei jedoch auch die Gefahr besteht, dass durch die Fixierung der Mitarbeiter auf die Belohnung die Freude an der Erfüllung von Zielen selbst verloren geht, sollte die Führungskraft darauf achten, die Zielvereinbarung nicht ausschließlich über die Belohnung zu kommunizieren. Vielmehr ist es wichtig, dass eine Führungskraft dem stark extrinsisch orientierten Wesen der Zielvereinbarung entgegenwirkt, indem sie gemeinsam mit dem Mitarbeiter die vereinbarten Ziele in einen größeren unternehmensweiten Kontext bringt. So wird erreicht, dass neben dem Wert der Belohnung auch die Zielerreichung für den Mitarbeiter erstrebenswert wird. Zusammenfassend muss das Führungsinstrument als ein extrinsisch wirkendes betrachtet werden, welches jedoch auch intrinsische Werte mit sich bringt, sofern diese von der Führungskraft entsprechend kommuniziert werden. Somit wird es in der Portfolio- und grafischen Analyse mit einem Wert von drei in der Dimension der ex- oder intrinsischen Motivationswirkung abgetragen.

Mit diesen Beurteilungen kann auch die Motivationsentstehung nach der ERG-Theorie von Alderfer analysiert werden. Da bei der Zielvereinbarung auf das Erreichen einer Belohnung abgezielt wird, werden in erster Linie Existenzbedürfnisse befriedigt. Dies begründet sich aus dem Umstand, dass häufig ein finanzieller Anreiz in Form von Unternehmensbeteiligungen oder Bonuszahlungen mit der Zielvereinbarung verknüpft wird. Diese Bewertung der Zielvereinbarung stellt der Führungskraft einen Entscheidungsrahmen dar, in welchem Verhältnis das Instrument der Zielvereinbarung zu anderen Führungsinstrumenten genutzt wird. Durch eine übermäßige Nutzung der Zielvereinbarung mit Bezug auf die finanzielle Belohnung besteht die Gefahr, dass ein Mitarbeiter im Sinne der ERG-Theorie nach der Frustrations-Regressions-Hypothese stetig auf die niedrigste Ebene der Bedürfnisbefriedigung ausweicht. Dies ist ein nicht wünschenswerter Umstand, da so langfristige intrinsische Potentiale der Mitarbeitermotivation zugunsten einer kurzfristiger wirkenden extrinsischen, pekuniär basierten Motivation vergeben werden.

3.6 Symbole

Führungskräfte agieren „im wesentlichen [sic] nicht als unmittelbare Macher, die in eigener Anstrengung physische Situationsveränderungen herbeiführen, sondern wirken vermittelnd (symbolisierend), indem sie Handlungen ausführen, die von anderen (sinnvoll) gedeutet werden und geregeltes (regeltreues) Anschlusshandeln auslösen."[152] Hiermit verdeutlicht Neuberger, dass es sich bei der Führungsaufgabe um etwas Unsichtbares handelt. Jedoch steht eine Führungskraft vor dem Dilemma, dass die ihr übertragene Aufgabe unsichtbar ist, es aber gleichzeitig ihr Wunsch sein muss, dass ihr Handeln wahrgenommen wird. Dies begründet sich in der Tatsache, dass die Intention einer Führungskraft in der Verhaltensbeeinflussung der ihr unterstellten Mitarbeiter liegt. Zur Lösung dieses Dilemmas

---

[152] Neuberger 2002, S. 662

kann sie sich der Konzeption der symbolischen Führung bedienen, wie von Neuberger vorgestellt.[153]

Das Wort *Symbol* leitet sich aus dem lateinischen *symbolum* ab, welches im ursprünglichen Wortsinn mit Zusammenfügung übersetzt wird. Diese steht hier für einen zerbrochenen Gegenstand, welcher im alten Griechenland beim Zusammenfügen passender Teile als Erkennungszeichen genutzt wurde.[154] Ein in der Literatur häufig beschriebenes Symbol ist der Ehering, der die Zusammengehörigkeit zweier Menschen symbolisieren soll. Damit wird deutlich, dass Symbole für etwas stehen, das nicht gegenständlich ist. Eine Ehe kann nicht gesehen und berührt werden. Der Ehering macht die Institution der Ehe und den hinter ihr stehenden Sinn jedoch sichtbar.

3.6.1 Symbole als Motivator nutzen

Bevor die Aufgaben und Wirkungen dieses Führungsinstrumentes betrachtet werden, sollen verschiedene Arten von Symbolen im Vordergrund stehen. Lutz von Rosenstiel zeigt in seinem Werk „Führen von Mitarbeitern" folgende drei Arten von Symbolen auf:[155]

- verbale Symbole
    → z. B. Geschichten, Slogans, Grundsätze, Anekdoten, Sprachregelungen
- interaktionale Symbole
    → z. B. Tabus, Jubiläen, Traditionen, Riten, Vorstandsbesuche, Konventionen
- artifizielle Symbole
    → z. B. Logos, Arbeitsbedingungen, Statussymbole, Geschenke

Durch diese Einteilung in drei Hauptgruppen wird für die Führungskraft gleichzeitig eine Gedankenstütze geschaffen, welche es ihr erleichtert, dieses Instrument gezielt einzusetzen. Dies gewinnt insbesondere an Bedeutung, wenn sich die Führungskraft verdeutlicht, in welchen Situationen die verschiedenen Symbolgruppen genutzt werden können, wie groß der eigene Einfluss auf die jeweilige Symbolik ist und welche Wirkungszeiträume für die verschiedenen Symbole existieren.

Symbole stehen in der Führungsaufgabe als ein Mittel zur Verfügung, mit dem komplexe Zusammenhänge vereinfacht dargestellt werden können. So nehmen Symbole eine Stellvertreterfunktion im Unternehmen ein, wobei vorhandene Ziele häufig eng mit der

---
[153] Vgl. Drumm 2008, S. 449
[154] Vgl. Neuberger 2002, S. 645
[155] Vgl. von Rosenstiel, Regnet und Domsch 2009, S. 24

Unternehmenskultur verwoben sind und deren Entstehung und Weiterentwickelung unterstützen.[156] Dies wird bereits in den Beispielen der drei Symbolgruppen deutlich. Für eine Führungskraft ist das Nutzen von Symbolen in Situationen hilfreich, in denen ihre Handlungen nicht ganz eindeutig sind und von den Mitarbeitern interpretiert werden müssen. Bei der Personalführung kommt es „nicht allein darauf an, was im Führungsprozess geschieht, sondern auch darauf, wer es wie tut und wie dieses Tun von den Geführten gedeutet wird."[157] So stellt beispielsweise schon die Wahl des Büros oder des Arbeitsplatzes des Vorgesetzten ein Führungssymbol dar. Um dies zu verdeutlichen soll beispielhaft der Arbeitsplatz einer Führungskraft in einem Großraumbüro betrachtet werden. Es ist sinnvoll, diesen so zu wählen, dass er einerseits etwas separiert von den restlichen Arbeitsplätzen errichtet wird, aber gleichzeitig einen Überblick über die zu führende Gruppe gewährleistet. Hiermit wird den Mitarbeitern gegenüber verdeutlicht, dass die Führungskraft eine aus der Mitarbeitergruppe herausragende Stellung einnimmt und aus dieser heraus auch einen weiter gefassten Entscheidungsrahmen besitzt, als er einem Mitarbeiter zusteht.

Eine weitere Möglichkeit, symbolische Führung auszuüben, besteht in einer gezielten Ausnutzung nonverbalen Verhaltens. Eine Führungskraft, die in einem Mitarbeitergespräch einen schriftlichen Beleg eines Fehlverhaltens des betreffenden Mitarbeiters zerreißt, nachdem dieses Fehlverhalten mit dem Mitarbeiter besprochen wurde, symbolisiert so, dass der betreffende Vorfall nicht weiter verfolgt wird.[158] Hierbei ist es sinnvoll, vorab mit dem Mitarbeiter gemeinsam eine Lösung zu erarbeiten, um das beanstandete Verhalten nicht erneut auftreten zu lassen. Auf diese Weise wird das Zerreißen des Nachweises zu einem symbolischen Sinnbild für einen wesentlich umfassenderen Zusammenhang. Die Führungskraft kann hiermit dem Mitarbeiter ihr Vortrauen auf dessen zukünftige Leistungen in einer Art ausdrücken, wie es mit rein kommunikativen Mitteln nicht möglich wäre. Gleichzeitig wird neben einer Vertrauensbasis auch eine tiefgreifende Motivation geschaffen, indem die Führungskraft eine Verpflichtung beim Mitarbeiter erwirkt, zukünftig nachzuweisen, ob dieses in ihn gesetzte Vertrauen gerechtfertigt ist. Zusätzlich beeinflusst die Führungskraft mit diesem beispielhaften Verhalten die Unternehmenskultur. Sie schafft so eine Vertrauensbasis, welche sich auf das Arbeitsklima auswirkt und das soziale System innerhalb des Unternehmens prägt. Somit wird die Führungskraft in die Lage versetzt, durch ihr eigenes Verhalten auch Rückschlüsse auf die Führungskultur im gesamten Unternehmen zu ermöglichen. Verfolgt man diesen Gedanken konsequent weiter, nimmt die Führungskraft selbst auch den Status eines Symbols ein, welches für das Verständnis der Führungsrolle im gesamten Unternehmen verstanden werden kann.

---

[156] Vgl. Withauer 2011, S. 250
[157] Vgl. von Rosenstiel, Regnet und Domsch 2009, S. 23
[158] Vgl. ähnliches Beispiel in Drumm 2008, S. 450

Neben denen der direkten Führungskraft können jedoch auch Symbole durch die Unternehmensleitung geschaffen werden. So hat beispielsweise die Schaffung eines Unternehmenssymbols im Rahmen eines Corporate Design nicht nur eine Auswirkung, die die Wiederkennung des Unternehmens unterstützen soll. Solch ein Symbol wirkt auch auf die Mitarbeiter des Unternehmens. Betrachtet man beispielsweise das Firmenlogo von Mercedes-Benz, so steht in diesem Unternehmen ein Stern für faszinierende Premium-Automobile, herausragende Serviceleistungen und neue Mobilitätslösungen.[159] Dies alles will das Firmenlogo symbolisieren und vereinfacht darstellen. So kann mit einfachen Mitteln ein sehr komplexes Gebilde wie der Mercedes-Benz-Konzern visualisiert werden und die Anstrengungen aller Mitarbeiter auf ein gemeinsames Ziel, den Unternehmenserfolg, fokussiert. „Führungskräfte greifen permanent gestaltend in den Werdensprozess "ihrer" Organisation ein, um diese durch Managementprozesse auf einen bestimmten Entwicklungspfad zu kanalisieren. Gestaltende Eingriffe in ein zweckorientiertes produktives soziales System bedingen, dass Ereignisse, Prozesse, Zustände und Strukturen nicht nur substanziell entstehen, sondern auch geistig nachvollzogen und sinnvoll interpretiert, erklärt und begründet werden können."[160] Damit fördern Symbole die Verbesserung des Verständnisses der Mitarbeiter für Führungsentscheidungen.

3.6.2 Bewertung von Symbolen

Mit diesem Führungsinstrument soll eine Motivation der Mitarbeiter geschaffen werden, die die Bereitschaft zur Steigerung der persönlichen Leistungsfähigkeit bewirkt. An dieser Stelle ist noch zu betrachten, wie Symbole aus Sicht der Motivation wirken. Einschränkend muss vorab erwähnt werden, dass das Führen mit Symbolen nicht losgelöst von anderen Führungsinstrumenten eingesetzt werden kann. Symbole können letztlich nur als ein ergänzendes Instrument betrachtet werden, welches die Führungsaufgabe vereinfacht, indem Komplexität reduziert wird. Gleichzeitig kann eine Führungskraft Symbole nutzen, um für die Mitarbeiter den Sinn der beruflichen Tätigkeit zu begründen. Auch wird über die Symbolik eine Festigung der Unternehmenskultur erreicht.

Beurteilt man das Führungsinstrument der symbolischen Führung mit der ERG-Theorie nach Alderfer, so wird schnell deutlich, dass es die Beziehungsbedürfnisse der Mitarbeiter anspricht, da hiermit die interpersonellen Interaktionen innerhalb der Belegschaft sowie auch zwischen Führung und Mitarbeitern verbessert werden sollen. Dies findet sowohl in der Unternehmens- als auch der Führungskultur seinen Niederschlag. Diese Einschätzung wird

---

[159] Vgl. Daimler
[160] Withauer 2011, S. 252

sich ebenso in der Portfolio- und grafischen Analyse wiederfinden. Hier wird sich dieses Führungsinstrument auf die Beziehungsbedürfnisse der Mitarbeiter auswirken. Aufbauend auf dieser Analyse ist es ebenfalls möglich, die ex- oder intrinsische Motivationswirkung zu betrachten. Ausgehend von dem Wunsch der symbolischen Führung, die Unternehmenskultur zu stärken, und für die Mitarbeiter den Sinngehalt der beruflichen Tätigkeit aus Sicht des Unternehmens zu verdeutlichen, wird mit diesem Instrument die innere Motivation der Mitarbeiter angesprochen. Der Grund hierfür ist in dem Ansinnen der symbolischen Führung zu finden. Mit dieser soll letztlich ein angenehmes Arbeitsklima geschaffen werden, in dem sich die Mitarbeiter wohlfühlen und gern arbeiten. Damit wird der Gedanke unterstützt, dass Arbeit Spaß machen soll – ein Gedanke, der die intrinsische Motivation positiv beeinflusst. Diese Einschätzung wird sich auch auf die Beurteilung dieses Führungsinstrumentes in Bezug auf die Portfolio- und grafische Analyse auswirken. Hiernach muss sich die symbolische Führung in der Dimension der ex- oder intrinsischen Motivation bei einem Wert von neun wiederfinden.

Bei der Beurteilung des Gestaltungsrahmens dieses Instrumentes hat eine direkte Führungskraft einen recht großen Spielraum. Sie führt zu jeder Zeit, auch wenn sie dies selbst so nicht wahrnimmt. Ein weiterer Grund besteht darin, dass in der Regel die direkte Führungskraft mit den Mitarbeitern des Unternehmens kommuniziert und somit Symbole auch in der Kommunikation anwendet. „Führungskräfte handeln nicht einfach, ihr Handeln enthält oft codierte Signale."[161] Dagegen besteht für die Unternehmensleitung, durch ihre exponierte Position im Verhältnis zu den Mitarbeitern, dieser direkte Kontakt selten. So kann das Management auch nur bedingt auf die Unternehmenskultur einwirken. Ein Beispiel hierfür wurde an dem Firmenlogo von Mercedes-Benz bereits erläutert. Aus der Summe dieser Beurteilungen wird in der Portfolio- und grafischen Analyse die Dimension des Gestaltungsrahmens dieses Instrumentes mit einem Wert zwischen sieben und acht hinterlegt. So wird dem Umstand Rechnung getragen, dass die Unternehmensleitung ebenfalls einen Einfluss auf die Unternehmenskultur und Symbolik im Unternehmen hat, jedoch die Gestaltung durch die Führungskraft an dieser Stelle größer ist.

3.7 Delegation

Im Zusammenhang mit Führung wurde bereits ausgeführt, dass es sich hierbei um eine „Steuerung der multipersonellen Problemlösung"[162] handelt. Diese Definition von Rühli berücksichtigt, dass in der heutigen Unternehmenswelt die unternehmerischen Aufgaben

---
[161] Withauer 2011, S. 250
[162] Rühli 1992, S. 2

arbeitsteilig bewältigt werden, d. h. die anstehenden Aufgaben in einem Unternehmen nicht mehr nur von einer einzelnen Person wahrgenommen werden.

3.7.1 Mit Delegation von Aufgaben Motivation erzeugen

Die Delegation von Aufgaben hat zwei nützliche Effekte. Für die Führungskraft selbst entsteht auf diese Weise eine Entlastung, da sie mit dem Übertragen einer Aufgabe auch die mit dieser in Verbindung stehenden Arbeiten abgibt. Gleichzeitig wird die Selbstverantwortung des Mitarbeiters und damit auch seine Motivation gesteigert.[163] Hierbei ist jedoch kritisch anzumerken, dass diese beiden Ziele nicht ohne weiteres erreicht werden. Damit der gewünschte Erfolg der Motivationsstärkung des Mitarbeiters eintritt und die Führungskraft tatsächlich entlastet wird, muss bei der Delegation beachtet werden, dass[164]

- mit Übertragung der Aufgabe auch die Verantwortung an den Mitarbeiter übertragen wird,
- die Delegation eine klare Beschreibung enthält, welches Ergebnis am Ende der Aufgabe stehen soll.

Bei der vollständigen Übertragung einer Aufgabe steht in erster Linie die damit verbundene Verantwortung im Vordergrund. Führungskräfte neigen dazu, nur einzelne Teilschritte an den Mitarbeiter zu übergeben oder wünschen ein stetiges Feedback zum Stand der Erledigung. Dies ist ein verständliches Verhalten aus Sorge vor Kontrollverlust, jedoch ist genau dieser Verlust die Stärke dieses Führungsinstrumentes. Durch die Verlegung von Aufgabe und Verantwortung an den Mitarbeiter wird die Führungskraft entlastet und der Mitarbeiter steht persönlich für das erfolgreiche Beenden der Aufgabe ein. Damit wird die Motivation des Mitarbeiters in höchstem Maß gesteigert, da er nun bei einem Scheitern die Verantwortung nicht mehr auf Andere abwälzen kann. Gleichzeitig wird bei einem erfolgreichen Abschluss des Arbeitsauftrages der Name des betreffenden Mitarbeiters mit diesem Erfolg im Zusammenhang stehen. Die Folge daraus ist, dass die Führungskraft mit der Delegation von Aufgaben und Verantwortung auch die Überlegungen zur Herangehensweise an den Mitarbeiter übergibt. Dies bedeutet jedoch nicht, dass die Führungskraft für Rückfragen nicht zur Verfügung stünde. Im Gegenteil ist ein Angebot an den Mitarbeiter äußerst wichtig, jederzeit für Fragen bereit zu stehen. Hiermit wird signalisiert, welchen Stellenwert die übertragene Aufgabe für die Führungskraft besitzt und dass der Mitarbeiter nicht vollständig sich selbst überlassen wird. Beim Ausbleiben eines derartigen Angebotes besteht die

---

[163] Vgl. Niermeyer und Postall 2010, S. 83
[164] Zusammenfassend aus Niermeyer und Postall 2010, S. 82-93 und Stöwe und Keromosemito 2007, S. 103-125

Gefahr, dass sich der Mitarbeiter schnell überfordert fühlen kann.

Trotz dieser Abgabe der Kontrolle durch die Führungskraft hat diese weiterhin ein starkes Interesse an der erfolgreichen Erledigung der Aufgabe, da sie in Bezug auf die nächst höhere Führungsebene weiterhin in der Verantwortung steht. Aus diesem Grund ist es wichtig, dass der Vorgesetzte beim Übertragen der Aufgabe darauf achtet, wie er dies kommuniziert, um Missverständnisse zu vermeiden. Es empfiehlt sich, die Delegation einer Aufgabe an einen Mitarbeiter während eines Mitarbeitergespräches vorzunehmen. Dies hat den Vorteil, dass genügend Zeit und Ruhe vorhanden sind, um alle Details ausreichend zu besprechen. Hierbei kann die Führungskraft im Gespräch auf die Erkenntnisse zum Führungsinstrument der Zielvereinbarungen zurückgreifen. Dies trifft hauptsächlich auf die Art zu, wie die zu bewältigende Aufgabe formuliert wird. Die SMART-PURE-CLEAR-Formel[165] bietet sich dabei als Gedankenstütze an, mit welcher sichergestellt wird, dass der Mitarbeiter alle wichtigen Informationen erhält. Dieses Konzept sollte bereits bei der Auswahl des betreffenden Mitarbeiters beherzigt werden, indem in Bezug auf Anspruch und Realisierbarkeit darauf geachtet wird, dass der Mitarbeiter in der Lage ist, die anstehende Aufgabe zu bewältigen. Dabei sollte die Führungskraft auch darauf achten, dass die Aufgabe für den betreffenden Mitarbeiter eine Herausforderung darstellt, da andernfalls die Botschaft für den Mitarbeiter entstehen könnte, dass sein Vorgesetzter seine Leistungsfähigkeit nicht anerkennt.

Des Weiteren ist es für eine erfolgreiche Umsetzung der delegierten Aufgabe unerlässlich, diese klar zu beschreiben. Hierbei kommt es darauf an, dem Mitarbeiter unmissverständlich zu verdeutlichen, welches Ziel erreicht werden soll. „Diese Beschreibung sollte so kurz wie möglich, aber so detailliert wie nötig ausfallen."[166] Wichtig ist an dieser Stelle, dass die Führungskraft hierbei nicht den Weg sondern nur das erwünschte Ziel beschreibt. Dies schafft für den Mitarbeiter einen Entscheidungsspielraum, in dem er selbst bestimmen kann, wie das gesteckte Ziel erreicht wird. Dieser Punkt wird später noch für die Motivationswirkung interessant sein. Ein weiterer wichtiger Aspekt der klaren Kommunikation im Rahmen einer Delegation ist, dem Mitarbeiter einen Termin für die Erfüllung zu setzen. Diese Terminierung sollte mindestens den endgültigen Erfüllungstermin der Aufgabe enthalten. Bei einer Aufgabenstellung, die sich über einen längeren Zeitraum erstreckt oder dauerhaft und wiederkehrend ist, ist es zielführend, Zwischentermine zu vereinbaren. Dies ermöglicht der Führungskraft, korrigierend einzugreifen, ohne dass dem Mitarbeiter der Eindruck vermittelt wird, stark kontrolliert zu werden. Dies stellt eine erfolgreiche Zielerreichung sicher. Abschließend ist es sinnvoll, wenn sich die Führungskraft

---

[165] Vgl. Niermeyer und Postall 2010, S. 121
[166] Ebd., S. 86

vergewissert, ob der Mitarbeiter seine Aufgabe vollumfänglich verstanden hat. Mit diesem Vorgehen können schon vor Beginn einer delegierten Aufgabe Missverständnisse vermieden werden.

Insgesamt ist zu konstatieren, dass dieses Führungsinstrument nur mit einem gewissen Grundvertrauen in die Fähigkeiten und die Integrität der Mitarbeiter funktionieren kann.[167] Jede Führungskraft, die erwägt, dieses Führungsinstrument zu nutzen, muss sich darüber im Klaren sein, dass sie mit der Abgabe der Verantwortung und dem damit verbundenen Verlust der direkten Kontrolle dem übernehmenden Mitarbeiter dieses Vertrauen entgegenbringen muss. Hierbei sollten Führungskräfte nicht vergessen, dass dieses Vertrauen in den Mitarbeiter gleichzeitig auch ein Vertrauen in die Richtigkeit der eigenen Entscheidung bedeutet. Schließlich ist es die Führungskraft, die einen Mitarbeiter auswählt und ihm eine passende Aufgabe delegiert.

3.7.2 Bewertung von Delegation

Neben der Arbeitsentlastung der Führungskraft, die zweifelsfrei ein wichtiges Argument für die Delegation darstellt, sollte auch die Wirkung auf die Motivation der Mitarbeiter nicht außer Acht gelassen werden. Die bisherigen Überlegungen lassen erkennen, dass die Delegation einige Parallelen zur Zielvereinbarung aufweist. Jedoch muss die Motivationswirkung hierbei differenziert von der Zielvereinbarung betrachtet werden. Während bei der Zielvereinbarung ein Mitarbeiter auf ein determiniertes Ziel hinarbeitet und bei Zielerfüllung eine entsprechende Belohnung erwartet, entfaltet die Delegation nicht erst bei Zielerreichung ihre Wirkung.

Dieses Führungsinstrument folgt im Hinblick auf die Motivationswirkung dem weit verbreiteten Sinnspruch „Der Weg ist das Ziel". Dies wird deutlich, wenn man betrachtet, welche Wirkung bei einem Mitarbeiter entsteht, wenn an diesen eine Aufgabe delegiert wird. In der Regel ist ein Angestellter eines Unternehmens stark fremdgesteuert, da meist zu den ihm übertragenen Aufgaben auch Vorgaben existieren, wie diese zu erledigen sind. Dies ändert sich jedoch, wenn eine Führungskraft das Instrument der Delegation nutzt. Wie bereits erläutert, werden hierbei dem Mitarbeiter ein gewünschter Soll-Zustand und der zeitliche Rahmen vorgegeben. Die Aufgabe des Mitarbeiters ist es, einen eigenen Weg zu entwickeln, wie dieser Zustand erreicht werden kann. Dies bedeutet, eigene Lösungsansätze für ein Problem zu entwickeln und so neue und innovative Wege der Problembewältigung zu

---

[167] Vgl. Stöwe und Keromosemito 2007, S. 118

nutzen. So kann eine Führungskraft auch dem bereits erwähnten Wertewandel der Menschen in Bezug auf die Erwerbstätigkeit[168] gerecht werden, indem mit der Delegation einer Aufgabe der Mitarbeiter die Möglichkeit erhält, kooperativ am Erfolg mitzuwirken.

Auch mit diesem Führungsinstrument wird das Ziel verfolgt, die Leistungen der Mitarbeiter zu steigern. Dabei wird dieses Führungsinstrument besonders nützlich, wenn es dem Vorgesetzen gelingt, den Ehrgeiz des Mitarbeiters anzusprechen, die übertragene Aufgabe zu bewältigen. Hierfür ist es notwendig, dass die Führungskraft Kenntnisse erlangt, welcher inneren Motivation der Mitarbeiter folgt, um so die Präsentation der Aufgabe diesen Motiven anzupassen.[169] Im Zusammenhang mit der Überlegung, welche Motivation beim Mitarbeiter angesprochen werden soll, spricht nichts dagegen, dies mit dem Instrument einer Zielvereinbarung zu kombinieren. Damit kann noch ein weiterer Anreiz für den Mitarbeiter geschaffen werden, sein volles Leistungspotential zu nutzen. Dies ist jedoch als eine zusätzliche Option zu betrachten und spiegelt nicht die Motivationswirkung der Delegation wider. Allerdings kann die Führungskraft so den Hygienefaktor aus der Zwei-Faktoren-Theorie nach Herzberg positiv beeinflussen.[170]

Für die Beurteilung, welche Wirkung das Führungsinstrument der Delegation auf die Motivation des Mitarbeiters besitzt, soll dieses zunächst im Zusammenhang mit der ERG-Theorie von Alderfer betrachtet werden. Im Rahmen einer Delegation wird, wie bereits diskutiert, eine Aufgabe inklusive aller Konsequenzen, wie Verantwortung und Entscheidungsfreiheit in der Wahl der Mittel, an einen Mitarbeiter übertragen. Auf diese Weise wird der Mitarbeiter in die Lage versetzt, frei zu entscheiden, wie das anstehende Problem gelöst werden kann. Innerhalb dieses Spielraumes kann der Mitarbeiter seine eigenen Lösungsansätze entwickeln, umsetzen und sein Bedürfnis nach Selbstverwirklichung erfüllen. Das lässt die Schlussfolgerung zu, dass dieses Führungsinstrument das Wachstumsbedürfnis des Mitarbeiters anspricht, was sich auch darin zeigt, dass bei einer erfolgreichen Zielerreichung Anerkennung und Respekt des betreffenden Mitarbeiters innerhalb der Gruppe bzw. des Unternehmens steigen. So wird auch das Bedürfnis der Wertschätzung eines Menschen angesprochen. Diese Einschätzung wird sich auch in der Portfolio- und grafischen Analyse widerspiegeln, wo das Führungsinstrument in der Dimension der ERG-Theorie im Bereich der Wachstumsbedürfnisse abgetragen wird.

Diese Schlussfolgerungen zeigen, an welcher Stelle eine Führungskraft mit Delegation in

---
[168] Vgl. Jung 2008, S. 14
[169] Vgl. Stöwe und Keromosemito 2007, S. 128
[170] Vgl. Jung 2008, S. 389ff in Bezug auf den bereits beschriebenen Zusammenhang zwischen intrinsischer und extrinsischer Motivation

Bezug auf das Rückkopplungsmodell nach Porter und Lawler Einfluss nehmen kann. Indem eine Aufgabe an einen Mitarbeiter delegiert wird, hebt die Führungskraft diesen aus der Gruppe hervor. Damit kann auch die Rollenwahrnehmung des Mitarbeiters positiv beeinflusst werden. Gleichzeitig hat die Delegation einen positiven Einfluss auf die Entwicklung seiner Fähigkeiten, die er mit der Übernahme einer für ihn neuen Aufgabe nicht nur unter Beweis stellen, sondern auch weiter ausbauen kann.

Betrachtet man, welche Bedürfnisse des Mitarbeiters mit diesem Führungsinstrument befriedigt werden, ist darauf aufbauend auch ein Rückschluss auf die Motivationswirkung möglich. Mit der erfolgreichen Bewältigung der übertragenen Aufgabe ist für ihn primär keine materielle Belohnung verbunden. Die Belohnung, sofern man dem Rückkopplungsmodell der Motivation folgt, besteht für den Mitarbeiter in der Bestätigung seiner eigenen Fähigkeit, die gestellte Herausforderung bewältigt zu haben. Dies stellt für ihn eine innere Belohnung dar. Diese Einschätzung wird sich auch in der Portfolio- und grafischen Analyse dahingehend niederschlagen, dass sich das Führungsinstrument Delegation mit einem Wert von neun als ein Vertreter der intrinsischen Motivation darstellt. Ergänzend sei hierzu die bereits erläuterte Kombinationsmöglichkeit mit der Zielvereinbarung und dem damit verbundenen positiven Einfluss auf die Hygienefaktoren erwähnt. Dieser Zusammenhang ist auch der Grund, dass Delegation nicht mit dem Maximalwert von zehn in der graphischen Analyse abgetragen wird, da eine gegenseitige Beeinflussung von Delegation und Zielvereinbarung in dieser Kombination nicht ausgeschlossen werden kann.

Für die Beurteilung des Gestaltungsrahmens der Führungskraft ist es sinnvoll, den Effekt der Arbeitsentlastung für die Führungskraft in die Einschätzung einfließen zu lassen. Zusätzlich ist auch der Umstand, dass eine Delegation nur an einen direkt unterstellten Mitarbeiter erfolgen sollte,[171] zu beachten. Ausgehend von diesen beiden Faktoren erscheint es logisch, dass die Führungskraft einen großen Entscheidungsspielraum besitzt. Dies ist zum einen in der Tatsache begründet, dass die Führungskraft selbst bestimmt, welche Aufgaben delegierbar sind und zum anderen auch entscheiden muss, an welchen Mitarbeiter eine Aufgabe delegiert wird. Somit kann konstatiert werden, dass Delegation in Bezug auf die Dimension der Gestaltungsmöglichkeiten im Rahmen der Portfolio- und grafischen Analyse ein hohes Maß an Eigenverantwortlichkeit der Führungskraft aufweist. Diese wird jedoch durch die Fragestellung eingegrenzt, welche Aufgaben delegierbar sind. Hier sei exemplarisch die disziplinarische Führungsaufgabe erwähnt, welche nicht delegiert werden sollte.[172] Auf Grundlage dieser Überlegungen wird dieses Führungsinstrument mit einem Wert von neun in der graphischen Analyse abgetragen.

---

[171] Vgl. Niermeyer und Postall 2010, S. 89
[172] Vgl. Stöwe und Keromosemito 2007, S. 114

4 Zusammenfassung der Führungsinstrumente

Einleitend zur vorliegenden Arbeit wurde bereits ein positiver Zusammenhang zwischen Mitarbeiter- und Kundenzufriedenheit hergestellt. Die Rechts- und Wirtschaftswissenschaftlerin der Technischen Universität Darmstadt[173] Stock-Homburg hat nachgewiesen, dass die Mitarbeiterzufriedenheit sowohl direkt als auch indirekt positiv auf die Kundenzufriedenheit und damit auch auf den Erfolg des Unternehmens einwirkt.[174]

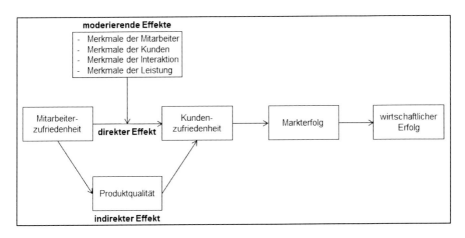

Abb. 14 Wirkung der Mitarbeiterzufriedenheit auf den Unternehmenserfolg (Quelle: Stock-Homburg, 2009, S. 95)

Die Wirkungskette in Abb. 14 zeigt den grundlegenden Gedankengang über die Auswirkungen der Mitarbeiterzufriedenheit und welchen Stellenwert diese für ein Unternehmen erlangen kann. An dieser Stelle muss jedoch darauf hingewiesen werden, dass diese Untersuchung einigen Restriktionen unterworfen ist. Im Hinblick auf die Nutzung der Führungsinstrumente erscheinen insbesondere zwei Einschränkungen erwähnenswert. Zum einen liegen dieser Untersuchung nur Befragungen von Mitarbeitern zugrunde, welche in direktem Kontakt zu Kunden stehen,[175] zum anderen muss ein Unternehmen seine Kundenbeziehungen in das Kalkül einbeziehen. So ist beispielsweise „die Beschäftigung mit Mitarbeiterzufriedenheit umso weniger wichtig, je preissensibler die Kunden sind."[176]

---

[173] Vgl. o.V., Technische Universität Darmstadt
[174] Vgl. Stock-Homburg 2009, S. 189
[175] Vgl. ebd., S. 193
[176] Ebd., S. 195

4.1 Mitarbeiterzufriedenheit – eine Frage des Führungsstiles

Ein Unternehmen, für das Mitarbeiterzufriedenheit einen Erfolgsfaktor darstellt, steht vor der Frage, wie diese erreicht werden kann. Hierbei wird deutlich, dass die Führungskräfte als Bindeglied zwischen Mitarbeitern und Unternehmen eine entscheidende Rolle einnehmen. Aus diesem Grund ist im Zusammenhang mit der Mitarbeiterzufriedenheit auch der Führungsstil, welcher im Unternehmen gelebt wird, näher zu betrachten.

Eine übersichtliche und verständliche Darstellung verschiedener Führungsstile findet sich im eindimensionalen Ansatz nach Tannenbaum und Schmidt. Dieser sieht an seinen Extrempunkten einerseits einen autoritären und andererseits einen kooperativen Führungsstil vor. Tannenbaum und Schmidt legen hierbei keinen Führungsstil als den einzig richtigen fest und weisen darauf hin, dass die Wahl des Stiles von Vorgesetztem, Mitarbeiter und Situation abhängig ist.[177]

Autoritärer Führungsstil							Kooperativer Führungsstil
Entscheidungsgewicht beim Führer							Entscheidungsspielraum der Gruppe
autoritär: Vorgesetzter entscheidet allein und ordnet an	patriarchalisch: Vorgesetzter ordnet an und begründet seine Entscheidung	beratend: Vorgesetzter schlägt Ideen vor und gestattet Fragen, Vorgesetzter entscheidet	konsultativ: Vorgesetzter entscheidet vorläufig, holt Meinungen ein und entscheidet endgültig	partizipativ: Vorgesetzter zeigt das Problem auf, die Gruppe schlägt Lösungen vor, Vorgesetzter entscheidet	delegativ: Vorgesetzter zeigt das Problem auf und legt den Entscheidungs spielraum fest, Gruppe entscheidet	demokratisch: Gruppe entscheidet autonom, Vorgesetzter ist Koordinator

Abb. 15: Klassifikation von Führungsstilen nach Tannenbaum und Schmidt (Quelle: Jung, 2008, S. 424)

In Bezug auf die im Rahmen dieser Arbeit beschriebenen Führungsinstrumente zeigt sich, dass diese mehr dem kooperativen als dem autoritären Führungsstil entsprechen. Diese Einschätzung korrespondiert mit der bereits beschriebenen Tatsache, dass sich in unserer Gesellschaft ein Wertewandel (Abschnitt 2.3) hinsichtlich der Wahrnehmung beruflicher Verantwortung abzeichnet. Wie schon beschrieben führen u. a. steigende Qualifikation der Menschen und ein wachsender Fachkräftemangel zu einem neuen Selbstbewusstsein der Mitarbeiter, welches sich in dem Wunsch nach mehr kooperativer Beteiligung an der Unternehmensentwicklung äußert.

Eine interessante Fragestellung für zukünftige Arbeiten wäre an dieser Stelle, wie sehr sich der Wandel zu einer demokratischen Gesellschaftsordnung im vergangenen Jahrhundert auf die Führungsstile in den Unternehmen ausgewirkt hat. Unternehmen sollten sich nicht dem

---

[177] Vgl. Jung 2008, S. 424

Gedanken verschließen, dass Mitarbeiter und letztlich auch Kunden die demokratischen Freiheiten unserer Gesellschaft auch in der betrieblichen Praxis erwarten. Hinsichtlich der Mitarbeiter können solche Erwartungen, insbesondere wenn diese nicht erfüllt werden, auch Einfluss auf die Motivation nehmen.

Dieser Aspekt wirkt sich neben der Wahl des Führungsstiles auch auf den Einsatz der Führungsinstrumente aus. Hierbei steht im Vordergrund, die Mitarbeiter mit Hilfe dieser Instrumente zu überzeugen, gemeinsam auf die unternehmerischen Ziele hinzuarbeiten. Der Vorteil dieser Vorgehensweise besteht darin, dass im Idealfall die Mitarbeiter ihr höchstes Leistungspotential aufgrund einer inneren Überzeugung bereitstellen. Im Folgenden wird über die grafischen Analysen untersucht, welche Führungsinstrumente sich für diese Aufgabe am besten eignen.

4.2 Analyse der Führungsinstrumente

Im Zusammenhang mit den Zielen der Personalführung wurde schon erläutert, dass es das Anliegen einer Führungskraft sein muss, den Leistungsbeitrag der unterstellten Mitarbeiter zu optimieren. Hierbei kommt ihr die Aufgabe zu, eine Kongruenz der Ziele der Mitarbeiter und des Unternehmens herzustellen. Auf diese Weise soll eine möglichst starke Mitarbeitermotivation erzeugt werden, die eine optimale Leistungsbereitstellung fördert. An dieser Stelle wurde ebenfalls festgestellt, dass zwei unterschiedliche Motivationswirkungen existieren. Während die extrinsische Motivation auf äußeren Belohnungen basiert und einer kurzen Wirkungsdauer unterliegt, setzt die intrinsische Motivation auf innere Belohnungen und hat eine vergleichsweise lange Wirkungsdauer.

In Abb. 16 wurden diese beiden Formen von Motivationswirkung in Beziehung zum Gestaltungsrahmen durch die Führungskraft bzw. durch das Unternehmen dargestellt. Hierfür wurden die Ergebnisse aus den Bewertungen der einzelnen Führungsinstrumente in eine Portfolioanalyse übertragen. Bei dieser Untersuchung kann eine Aufteilung der Führungsinstrumente in zwei unterschiedliche Gruppen erfolgen, die mit den Begriffen *Unternehmensdominanz* bzw. *Führungskraftdominanz* betitelt werden. Einzig das Führungsinstrument der Personalentwicklung nimmt hier eine Sonderstellung hinsichtlich des Verhältnisses zwischen Gestaltungsrahmen und Motivationswirkung ein.

Es kann resümiert werden, dass Vorgesetzte mit Führungsinstrumenten, welche in erster Linie durch das Unternehmen gestaltet werden, eine extrinsische Motivationswirkung erzielen. Somit geht die Unternehmensleitung auf die Bedürfnisse der Mitarbeiter ein, welche durch äußere Belohnungen befriedigt werden. Im Gegensatz hierzu haben Führungskräfte bei der Nutzung von Instrumenten, welche der Gruppe der Führungskraftdominanz angehören, die Möglichkeit eine intrinsische Motivationswirkung zu erzielen.

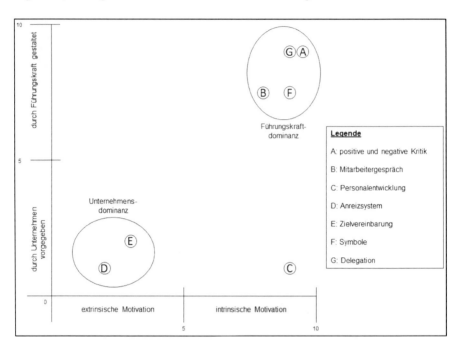

Abb. 16: Portfolioanalyse der Führungsinstrumente (eigene Darstellung)

Aus dieser Analyse wird deutlich, wie die Handlungsfelder bezüglich der Führung zwischen der Unternehmensleitung und den jeweiligen Führungskräften verteilt sind. Führungsinstrumente, die durch die Unternehmensleitung bereitgestellt werden, stellen durch ihre extrinsische Motivationswirkung ein Fundament dar. Die unternehmensdominierten Instrumente können eine Basis schaffen, die es ermöglicht, mit weiteren Maßnahmen die Zufriedenheit der Mitarbeiter zu steigern. Diese Einschätzung folgt im Grundsatz den Vorstellungen, die Herzberg in seiner Zwei-Faktoren-Theorie postuliert. Hiernach bedient das Unternehmen das Kontinuum der Hygienebedürfnisse, welches in den Extrempunkten Unzufriedenheit bis Nicht-Unzufriedenheit der Mitarbeiter aufweist.[178] Damit ist im günstigsten Fall der Mitarbeiter weder zufrieden noch unzufrieden. Mit diesem Zustand ist das Ziel des Unternehmens jedoch noch nicht erreicht, die Zufriedenheit und auch die Motivation der Mitarbeiter so zu steigern, dass hieraus eine gesteigerte Kundenzufriedenheit erwächst.

---

[178] Vgl. Jung 2008, S. 391

Zum Erreichen dieses Zieles ist das Unternehmen auf seine Führungskräfte und deren führungskraftdominierte Instrumente angewiesen, die eine entscheidende Rolle hinsichtlich der Mitarbeiterzufriedenheit und Motivation einnehmen. Dies wird in der Portfolioanalyse in Abb. 16 deutlich, in der die Gruppe der führungskraftdominierten Instrumente eine intrinsische Motivationswirkung aufweist. Mit Sicht auf die Zwei-Faktoren-Theorie steht den Führungskräften mit diesen Instrumenten die Möglichkeit offen, über intrinsische Motivation die Zufriedenheit der Mitarbeiter positiv zu beeinflussen.

Um diese Aussage zu untermauern, wurde die Portfolioanalyse in Abb. 17 um die ERG-Theorie nach Alderfer erweitert. Diese Grafik stellt für jedes Führungsinstrument dar, in welcher Beziehung die Motivationswirkung zur Bedürfnisbefriedigung und dem Gestaltungsrahmen steht.

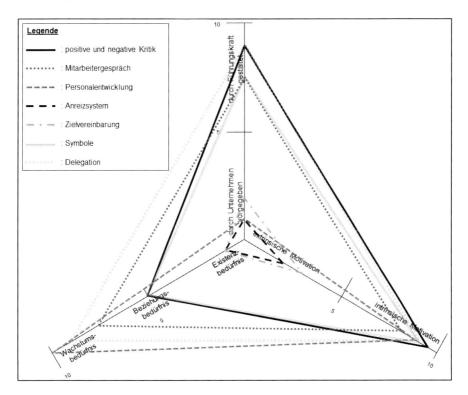

Abb. 17: grafische Analyse der Führungsinstrumente (eigene Darstellung)

Die Grafik der Abb. 17 veranschaulicht für jedes Führungsinstrument die Beziehung zwischen der Motivationswirkung und der Bedürfnisbefriedigung. Gleichzeitig wird dargestellt, wer das jeweilige Führungsinstrument hauptsächlich gestaltet. Hiermit soll die Aussage, dass Führungskräften bei der Steigerung der Mitarbeiterzufriedenheit eine zentrale

Rolle zukommt, detaillierter betrachtet werden. Aufbauend auf der grafischen Analyse ist die Möglichkeit gegeben, die Wirkung der Führungsinstrumente und auch die Handlungsfelder von Unternehmensleitung und Führungskräften mit Hilfe der Inhaltstheorien der Motivation zu beurteilen. Die grafische Analyse (Abb.17) lässt erkennen, dass Instrumente, welche eine extrinsische Motivation erzeugen, zur Befriedigung der Existenzbedürfnisse dienen. Andererseits sprechen Instrumente mit einer intrinsischen Wirkung die Beziehungs- und Wachstumsbedürfnisse des Menschen an. Durch eine Kombination der grafischen Analyse mit der Portfolioanalyse wird deutlich, dass die Instrumente aus der Gruppe der Unternehmensdominanz die Grundbedürfnisse der Mitarbeiter ansprechen, während diese aus der Gruppe der Führungskraftdominanz weitergehende Beziehungs- und Wachstumsbedürfnisse ansprechen. Die Ausnahmestellung der Personalentwicklung aus der Portfolioanalyse trifft allerdings nicht auf die Beziehung zwischen Motivationswirkung und ERG-Theorie zu.

Eine Betrachtung der beiden Analysen im Zusammenhang mit den Inhaltstheorien der Motivation lässt den Schluss zu, dass durch das Unternehmen die Basis für eine Motivationssteigerung gelegt wird, während die Wirkung der führungskraftdominierten Instrumente eine Steigerung dieser ermöglichen. Der Grund für diese Einschätzung liegt in der von Alderfer und Herzberg beschriebenen Reihenfolge der Bedürfnisbefriedigung.

Auch wenn insbesondere die ERG-Theorie keine strenge Hierarchie der Bedürfnisbefriedigungen vorsieht, kommt mit der Befriedigungs-Progressions-Hypothese zum Ausdruck, dass für die Befriedigung höher gelegener Bedürfnisse eine Erfüllung niedriger Bedürfnisse zumindest vorteilhaft ist. Noch wichtiger erscheint in diesem Zusammenhang die Frustrations-Hypothese, nach der ein nicht befriedigtes Bedürfnis dominant wirkt. Dies bedeutet für den Führungsprozess, dass ein Mitarbeiter sein Wachstumsbedürfnis so lang nicht befriedigen wird, so lang noch unbefriedigte Existenzbedürfnisse vorhanden sind. Auch wenn diese Aussage nicht als absolut angesehen werden sollte, wird hierdurch die Schwierigkeit für die Führungskraft veranschaulicht, eine Steigerung des Leistungspotentials eines Mitarbeiter zu erreichen, wenn grundlegende Motivatoren durch das Unternehmen nicht gegeben sind.

Einen ähnlichen Ansatz verfolgt die Zwei-Faktoren-Theorie. Hiernach ist es für die Steigerung der Mitarbeiterzufriedenheit unerlässlich, dass die Hygienefaktoren in Form von extrinsischer Motivation für den Mitarbeiter stimmig sind. Erst wenn dieser Zustand erreicht ist, wird es für eine Führungskraft möglich sein, über intrinsische Motivationsmittel ungenutztes Leistungspotential der Mitarbeiter zu heben. In der Literatur existieren zu der Zwei-Faktoren-Theorie einige kritische Anmerkungen. So wird zum einen der Umstand, dass die der Theorie zugrunde liegende Datenerhebung nur die Berufsgruppen der Ingenieure und Büroangestellten berücksichtigt, kritisch bewertet. Zum anderen steht auch der Vorschlag von Herzberg, wonach Menschen durch eine Steigerung von Freiräumen und Verantwortung stärker motiviert werden, dahingehend in der Kritik, dass dies nicht zwingend auf jeden Menschen motivierend wirken muss.[179] Trotz dieser Kritik, kann eine ergänzende Unterstützung der Hygienefaktoren für die Motivatoren nicht verleugnet werden. Dieser Einschätzung liegt die Überlegung zu Grunde, dass ein unerfüllter Hygienefaktor zumindest als störend empfunden wird und so motivierende Faktoren derart negativ überstrahlt, dass diese ihr Ziel nicht und nur teilweise erreichen. Hier korrespondiert die Zwei-Faktoren-Theorie mit der Frustrations-Hypothese der ERG-Theorie.

4.3 Fazit

Die Art, wie in Unternehmen die Mitarbeiterführung gelebt wird, ist von gesellschaftlichen Werten und unternehmerischen Anforderungen geprägt. So ist es zum Teil einem gesellschaftlichen Wandel zuzuschreiben, dass in der heutigen Arbeitswelt zunehmend der Wunsch in den Mitarbeitern keimt, kooperativ am Erfolg des Unternehmens mitzuwirken. Gleichzeitig sehen sich die Unternehmen dem Umstand ausgesetzt, dass einerseits ein zunehmender Mangel an Fachkräften einsetzt und andererseits der Zusammenhang zwischen Mitarbeiter- und Kundenzufriedenheit einen beachtlichen Stellenwert für den Unternehmenserfolg einnimmt. Dies begründet, dass „moderne Unternehmen […] nicht nur physische Anwesenheit und Dienst nach Vorschrift, sondern auch Engagement und Kreativität ihrer Mitarbeiter nutzen"[180] möchten. Der Wunsch der Unternehmen nach Engagement der Mitarbeiter und der Wunsch der Menschen, kooperativ am Unternehmenserfolg mitzuwirken, führt dazu, dass die Aufgaben einer Führungskraft sehr vielschichtig sind. Neben den traditionellen Aufgaben der organisatorischen Leitung einer Mitarbeitergruppe und der Arbeitsverteilung und -anleitung kommt den Führungskräften noch die Aufgabe der Mitarbeitermotivation und -zufriedenheitssteigerung zu. Diese Aufgabe gewinnt an Bedeutung, da hierdurch eine starke Identifikation mit dem Unternehmen geschaffen werden kann. Dieser Umstand hat für die Unternehmen mehrere positive Aspekte, wie beispielsweise die Reduzierung der Mitarbeiterfluktuation. Mitarbeiter, die sich mit ihrem Unternehmen identifizieren und ihre Arbeit als zufriedenstellend empfinden, verbleiben meist länger in dem jeweiligen Unternehmen. Hierbei besteht der Vorteil, dass weniger Kosten für Personalbeschaffung entstehen, geschaffenes Know-how im Unternehmen verbleibt und auch das Risiko, kein passendes Personal auf dem Arbeitsmarkt

---

[179] Vgl. Jung 2008, S. 392
[180] Franken 2004, S. 80

zu finden, reduziert wird.

Die positiven Wirkungen einer hohen Mitarbeiterzufriedenheit sind jedoch noch weitergehend. So besteht auch ein Zusammenhang zwischen der Zufriedenheit und Motivation sowie der Optimierung des Leistungsbeitrages der Mitarbeiter. Hierbei steht die Steigerung des Leistungspotentials der Mitarbeiter über das durch den Arbeitsvertrag geforderte Maß hinaus im Fokus der Führungskräfte. Wird bei dieser Überlegung noch die Wirkungskette von Mitarbeiter-, Kundenzufriedenheit und Unternehmenserfolg ins Kalkül gezogen, wird die Wichtigkeit der Mitarbeitermotivation durch Führungskräfte umso deutlicher.

Unter diesen Gesichtspunkten stehen Führungskräfte in einem Spannungsfeld zwischen Mitarbeiterwünschen und Zielvorstellungen des Unternehmens, zwischen denen diese vermitteln müssen. Da hierbei mit Blick auf den gesellschaftlichen Wandel und den Wunsch der Menschen nach Kooperation eine autoritäre Führungsform nicht sehr vielversprechend erscheint, sehen sich Führungskräfte in der Notwendigkeit, in diesem Spannungsfeld zu vermitteln und zu überzeugen. Hierbei besteht die Herausforderung in der Tatsache, dass viele unternehmerische Zielsetzungen aus wirtschaftlicher Notwendigkeit entstehen und dadurch wenig variabel sind. Die Zielsetzung der Führungsarbeit muss es also sein, die Zielvorstellungen von Unternehmen und Mitarbeitern möglichst kongruent, zumindest aber kompatibel zu halten.

Damit diese Herausforderung erfolgreich bewältigt werden kann, wurden im Rahmen der vorliegenden Arbeit eine Reihe von Führungsinstrumenten beschrieben und bewertet, die die Führungskräfte in ihrer Arbeit unterstützen sollen. Die vorgestellten Instrumente sollen die Führungskräfte in die Lage versetzen, einerseits eine Motivations- und Zufriedenheitsseigerung der Mitarbeiter herzustellen, andererseits aber ebenso eine etwaige Demotivation und Frustration der Mitarbeiter zu verhindern, da dieser Zustand letztlich negativ auf den Unternehmenserfolg wirken kann.

Um dieser Aufgabe gerecht werden zu können, wurde im Rahmen dieser Arbeit eine theoretische Grundlage zum Thema Motivation geschaffen und die vorgestellten Instrumente mit dieser abgeglichen. Gleichzeitig wurde die Möglichkeit der Gestaltung der jeweiligen Instrumente durch die Führungskraft eingeschätzt.

Die auf diesen Beurteilungen aufbauenden Analysen haben gezeigt, dass diejenigen Instrumente, welche durch das Unternehmen vorgegeben sind, der Führungskraft ermöglichen, durch deren Einsatz eine Basis in Hinblick auf Motivation und Mitarbeiterzufriedenheit zu schaffen. Dies begründet sich in der Aktivierung von grundlegenden Bedürfnissen der Menschen durch diese Instrumente. Hierbei sollte nicht außer Acht gelassen werden, dass die Führungsarbeit wenig erfolgversprechend sein wird, wenn die Führungskräfte in Zusammenarbeit mit dem Management diese Basis nicht schaffen. In diesem Fall besteht die Gefahr, dass Mitarbeiter aufgrund dessen derart demotiviert sind, dass eine Leistungssteigerung mit Hilfe weiterer Führungsinstrumente kaum erreichbar ist. Um hier eine Metapher zu gebrauchen, wird ein Wolkenkratzer nie seine geplante Höhe erreichen, wenn nicht vorab ein gut tragendes Fundament geschaffen wird.

Nachdem die Führungskräfte in Zusammenarbeit mit dem Management des Unternehmens diese Grundlagen geschaffen haben, steht der Weg offen, diese weiter auszubauen. Hierfür wurden die führungskraftdominierten Führungsinstrumente vorgestellt, die dies unterstützen. Der Vorteil dieser Instrumente liegt in der individuellen Gestaltung, die im Idealfall die jeweiligen Motivationsgründe des einzelnen Mitarbeiters anspricht. Ein weiterer Punkt, den eine direkte Führungskraft mit diesen Instrumenten nutzt, ist der Umstand, dass mit diesen Instrumenten die innere Einstellung der Belegschaft gezielt beeinflusst wird. Dies soll hierbei jedoch statt als eine Manipulation im Sinne einer unbewussten Beeinflussung, als eine Beeinflussung durch Überzeugung verstanden werden. So werden die Führungskräfte in die Lage versetzt, die Einstellung und damit einhergehend die Motivation und Zufriedenheit der Mitarbeiter positiv zu beeinflussen.

Diese Arbeit zeigt damit auf, dass die Tätigkeit der direkten Führungskräfte in einem Unternehmen für den wirtschaftlichen Erfolg nicht hoch genug eingeschätzt werden kann. Gleichzeitig sollte diese Abhandlung jeder Führungskraft verdeutlichen, wie groß die mit der Führungsaufgabe übernommene Verantwortung ist. Des Weiteren bereitet diese Arbeit einige grundlegende Werkzeuge auf, die die Führungsarbeit erleichtern, und schafft theoretische Grundlagen, mit denen weitere Führungsinstrumente auf ihre Wirkung hin untersucht werden können.

5 Literaturverzeichnis

2hm & Associates GmbH. „2hm Research. Consulting. Implementation." *2hm Research. Consulting. Implementation.* 2010. http://www.2hm.eu/Abstract-Fokus-Mitarbeiterzufriedenheit-2010.pdf (Zugriff am 10. April 2011).

Benning-Rohnke, Elke, und Goetz Greve. *Kundenorientierte Unternehmensführung - Konzept und Anwendung des Net Promoter® Score in der Praxis.* Wiesbaden: Gabler Verlag, 2010.

Bleicher, Knut. *Das Konzept integriertes Management: Visionen- Missionen- Programme.* Frankfurt Main: Campus Verlag GmbH, 2004.

Dahms, Matthias. *Motivieren, Delegieren, Kritisieren - Die Erfolgsfaktoren der Führungskraft.* Wiesbaden: Gabler Verlag, 2010.

Daimler. *Strategie | Daimler.* kein Datum. http://www.daimler.com/unternehmen/strategie (Zugriff am 13. August 2011).

Deutsche Telekom. *www.telekom.com.* kein Datum. http://www.telekom.com/dtag/cms/content/dt/de/13312 (Zugriff am 24. Juli 2011).

Dillerup, Ralf, und Roman Stoi. *Unternehmensführung.* München: Verlag Franz Vahlen GmbH, 2006.

Drumm, Hans Jürgen. *Personalwirtschaft.* Berlin, Heidelberg: Springer-Verlag, 2008.

Eyer, Eckhard, und Thomas Haussmann. *Zielvereinbarung und variable Vergütung - Ein praktischer Leitfaden – nicht nur für Führungskräfte.* Wiesbaden: Gabler Verlag, 2009.

Franken, Swetlana. *Verhaltensorientierte Führung: Individuen - Gruppen - Organisationen.* Wiesbaden: Gabler-Verlag, 2004.

Frey, Bruno S., und Margit Osterloh. *Managing Motivation: Wie Sie die neue Motivationsforschung für Ihr Unternehmen nutzen können.* Wiesbaden: Gabler Verlag, 2002.

Frost, Jetta. *Märkte in Unternehmen: Organisatorische Steuerung und Theorien der Firma.* Wiesbaden: Deutscher Universitätsverlag, 2005.

Harlander, Norbert. *So motiviere ich meine Mitarbeiter.* Köln: Heyne Verlag, 1989.

Hentze, Joachim, Andrea Graf, Andreas Kammel, und Klaus Lindert. *Personalführungslehre - Grundlagen, Funktion und Modelle der Führung.* Bern|Stuttgart|Wien: Haupt Verlag, 2005.

Hentze, Joachim, und Andrea Graf. *Personalwirtschaftslehre 2.* Göttingen: Haupt Verlag, 2005.

Hossiep, Rüdiger, Jennifer Esther Bittner, und Wolfram Berndt. *Mitarbeitergespräche - motivierend, wirksam, nachhaltig.* Göttingen: Hogrefe-Verlag, 2008.

Hungenberg, Harald, und Torsten Wulf. *Grundlagen der Unternehmensführung.* Berlin Heidelberg: Springer-Verlag, 2007.

Jung, Hans. *Personalwirtschaft.* München: Oldenbourg Wissenschaftsverlag, 2008.

Kienbaum, Jochen. „www.handelsblatt.com." *www.handelsblatt.com.* 11. November 2003. http://www.handelsblatt.com/archiv/koenigsdisziplin-mitarbeitergespraech/2286076.html (Zugriff am 11. Juli 2011).

Kreuser, Karl, und Thomas Robrecht. *Führung und Erfolg Eigene Potenziale entfalten, Mitarbeiter erfolgreich machen.* München: Gabler Verlag, 2010.

Lessing, Gotthold Ephraim. (kein Datum).

Lorenz, Michael, und Uta Rohrschneider. *Praktische Psychologie für den Umgang mit Mitarbeitern - Die vier Mitarbeitertypen führen.* Frankfurt/Main: Campus Verlag, 2008.

Maslow, Abraham H. *Motivation und Persönlichkeit.* Olten: Walter-Verlag AG, 1977.

McKinsey Deutschland. „McKinsey & Company." *www.mckinsey.de.* Mai 2011. http://www.mckinsey.de/downloads/presse/2011/wettbewerbsfaktor_fachkaefte.pdf (Zugriff am 14. Juli 2011).

Negri, Christoph. *Angewandte Psychologie für die Personalentwicklung.* Heidelberg: Springer Verlag, 2010.

Nerdinger, Friedmann W., Gerhard Blickle, und Niclas Schaper. *Arbeits- und Organisationspsychologie .* Berlin, Heidelberg: Springer Medizin Verlag, 2011.

Neuberger, Oswald. *Führen und führen lassen: Ansätze, Ergebnisse und Kritik der Führungsforschung .* Stuttgart: UTB Lucius & Lucius Verlag, 2002.

Niermeyer, Rainer, und Manuela Seyffert. *Motivation*. München: Haufe-Lexware, 2009.

Niermeyer, Rainer, und Nadja Postall. *Effektive Mitarbeiterführung - Praxisprobte Tipps für Führungskräfte*. Wiesbaden: Gabler Verlag, 2010.

o.V. *SPIEGEL ONLINE*. 20. Juli 2009. http://www.spiegel.de/wirtschaft/0,1518,637138,00.html (Zugriff am 09. Januar 2011).

o.V. *SPIEGEL ONLINE*. 11. November 2010. http://www.spiegel.de/wirtschaft/soziales/0,1518,729202,00.html (Zugriff am 09. Januar 2011).

o.V. *Technische Universität Darmstadt*. kein Datum. http://www.mup.wi.tu-darmstadt.de/team_2/mitarbeiter_2/prof-stock-homburg.de.jsp (Zugriff am 27. August 2011).

Oechsler, Walter A. *Personal und Arbeit*. Bd. Personal und Arbeit. München; Wien: Oldenbourg Wissenschaftsverlag GmbH, 2006.

Olfert, K. *Personalwirtschaft, 10. Aufl.* Ludwigshafen (Rhein), 2003.

Pelkmann, Thomas. *CIO*. 14. Juli 2011. http://www.cio.de/strategien/2274688/ (Zugriff am 14. Juli 2011).

Pelz, Waldemar. *Kompetent führen - Wirksam kommunizieren, Mitarbeiter motivieren*. Wiesbaden: Verlag Dr.Th.Gabler, 2004.

Peter, Laurence J., und Raymond Hull. *Das Peter-Prinzip oder Die Hierarchie der Unfähigen*. Reinbek bei Hamburg: Rowohlt Taschenbuch Verlag, 1991.

Peterhans, Markus. *Informationsmanagement - Theoretische Grundlagen und Führungskonzept*. Zürich: vdf Hochschulverlag AG, 1995.

Pinnow, Daniel F. *Führen - Worauf es wirklich ankommt 4. Auflage*. Wiebaden: Gabler Verlag, 2009.

Rahn, Horst-Joachim. *Personalführung Kompakt*. XII. München: Oldenbourg Wissenschaftsverlag GmbH, 2008.

Reihnberg, Falko. *Motivation*. Stuttgart: Kohlhammer Urban Taschenbücher, 2008.

Ruf, Stefan. „Kundenbindung | Würden Sie diese Methode einem Freund emfpehlen?" 2007. http://downloads.brainguide.com/publications/PDF/pub62893.pdf (Zugriff am 1. April 2011).

Rühli, Edwin. *Gestaltungsmöglichkeiten der Unternehmensführung: Führungsstil, Führungsmodelle, Führungsrichtlinien, Mitwirkung und Mitbestimmung.* Bern|Stuttgart|Wien: Verlag Paul Haupt, 1992.

Ryschka, Jurij, Marc Solga, und Axel Mattenklott. *Praxishandbuch Personalentwicklung - Instrumente, Konzepte, Beispiele.* Wiesbaden: Gabler Verlag, 2008.

Saaman AG. *Studie zur Wirksamkeit von Zielvereinbarungen.* Freiburg: Saaman AG, 2010.

Saaman, Wolfgang. „Verantwortung übernehmen." *Personal*, Nr. Heft 07-08/2011 (2011): 50-52.

Schwaab, Markus-Oliver, Günther Bergmann, Fritz Gairing, und Meinulf Kolb. *Führen mit Zielen - Konzepte - Erfahrungen - Erfolgsfaktoren.* Wiesbaden: Gabler Verlag, 2010.

Sliwka, Dirk. *HReconomics.* 14. April 2008. http://hreconomics.uni-koeln.de/index.php/Personalbeschaffungskosten#Verbindung_zu_anderen_Kennzahlen (Zugriff am 16. Januar 2011).

Staehle, Wolfgang H. *Management: eine verhaltenswissenschaftliche Perspektive.* München: Vahlen-Verlag, 1991.

Stock-Homburg, Ruth. *Der Zusammenhang zwischen Mitarbeiter- und Kundenzufriedenheit.* Wiesbaden: Gabler Verlag, 2009.

Stöwe, Christian, und Lara Keromosemito. *Vom Kollegen zum Vorgesetzten - Wie Sie sich als Führungskraft erfolgreich positionieren.* Wiesbaden: Gabler Verlag, 2007.

Strupat, Ralf R. „business-wissen.de." *business-wissen.de.* 21. Dezember 2010. http://www.business-wissen.de/mitarbeiterfuehrung/mitarbeiterbegeisterung-die-fuenf-saeulen-einer-begeisterungskultur/ (Zugriff am 10. April 2011).

von Rosenstiel, Lutz, Erika Regnet, und Michael E. Domsch. *Führung von Mitarbeitern - Handbuch für erfolgreiches Personalmanagement.* Stuttgart: Schäffer-Poeschel Verlag, 2009.

von Rosenstil, Lutz. *Motivation managen - psychologische Erkenntnisse ganz praxisnah.* Weinheim, Basel, Berlin: Beltz Verlag, 2003.

Watzka, Klaus. *Zielvereinbarungen in Unternehmen - Grundlagen, Umsetzung, Rechtsfragen.* Wiesbaden: Gabler Verlag, 2011.

Winkler, Brigitte, und Helmut Hofbauer. *Das Mitarbeitergespräch als Führungsinstrument.* München: Hanser Verlag, 2010.

Withauer, Klaus F. *Führungskompetenz und Karriere - Begleitbuch zum Stufen-Weg ins Topmanagement.* Wiesbaden: Gabler Verlag, 2011.

www.vocatus.de. „Die Aussagekraft des Net Promoter Score." *www.vocatus.de.* 2007. http://www.vocatus.de/pdf/Feedback-012007-Die_Aussagekraft_des_Net_Promoter_Score.pdf (Zugriff am 22. April 2011).